30대 흙수저, 기적의 강남 입성기

일러두기

1. 코로나바이러스감염증-19(COVID-19)의 한글 명칭은 '코로나19'이지만, 편의상 '코로나'로 지칭했다.
2. 법률, 제도, 정책 등은 바뀔 수 있으므로 반드시 사전 확인이 필요하다.
3. 본문에서 '나'는 '강남흙수저'를 지칭한다.

30대 흙수저,
기적의
강남 입성기

강남흙수저 · 부동삶 · 자수성부 지음

TORNADO
토네이도

투자의 본질은 결국 확률, 그 확률을 높이는 일이다.

_강남흙수저

공부만 하는 바보와 공부도 하는 부자의 차이는 오직 실행력이다.

_부동샆

책은 다른 세상을 보는 창이다.
이 창 너머의 세상에 있는 당신은
'(성공 확률을 높일) 공부도 하는 부자'일 것이다.

_자수성부

프롤로그

강남흙수저

우리는 왜 부동산 투자를 할까요? 좀 더 좋은 곳에서 가족과 행복하게 살기 위해 또는 경제적 자유에 한 걸음 더 가까이 가기 위해서일 겁니다. 부동산은 다른 재테크 수단들과 달리 삶에 반드시 필요한 필수재이기도 합니다. 그래서 실전에 앞서 반드시 공부가 필요한 분야입니다.

삶의 목적과 방향에 대해 생각해보세요. 만일 그 과정이 혼자라서 힘들다면 같은 방향의 생각을 가진 동료들을 만들어 함께 나아가보세요. 더 넓은 안목이 생기고, 큰 힘이 될 것입니다! 우리의 작지만 확실한 지혜가 도움이 되길 바라며 건투를 빕니다.

부동삶

이 책은 하루하루 성실히 살아가는 사람들이 '강남 입성'이라는 간접 경험을 통해 보금자리 마련의 기회가 왔을 때, 지혜로운 결정을 하도록 돕기 위해 집필하였습니다. 지금 이 순간 내가 하고 있는 일이 부자아빠의 방식인지, 가난한 아빠가 되어가는 방향은 아닌지 스스로 검증해보았으면 합니다. 그리고 위험을 관리하는 방법을 배우고 인생의 로드맵을 다시 그려보는 계기가 되었으면 합니다.

경제적, 정신적 자유가 필요한 이유는 한 번뿐인 삶을 더욱 행복하게 보내기 위해서입니다. 하지만 다람쥐 쳇바퀴 돌듯 반복되는 일상을 살다 보면 정말 소중한 것이 무엇인지 잊는 경우가 많습니다. 수년간 소중히 모은 종잣돈을 잘못된 선택과 결정으로 잃거나 방법을 몰라 일생일대의 기회를 놓치는 경우도 허다합니다.

이 책은 그릇된 의사결정으로부터 당신을 지켜줄 것입니다. 잠시 잊었던 목표를 다시 세우고, 인생에서 소중한 사람들에게 집중하길 바랍니다. 그것이 바로 진정한 '부와 동행하는 삶'입니다.

자수성부

진부하지만 '시작이 반'이란 말, 경험상 '내 집 마련'에서 만큼은 분명히 진리였습니다. 그래서 세 명이 모여 처음 집필을 기획했을 때 목표로 한 것은 많이 읽히는 책이 아닌, 많이 움직이게 하는 책이었습니다.

가진 것 없던 우리들의 성장이야기를 통해 '내 집 마련'에 대한 희망을 갖는 것. 그래서 독자분들이 이 책 한 권을 다 읽었을 때 공부든 손품이든 발품이든 희망하는 '삶의 안정'을 위한 첫 삽을 뜨는 것. 그것이 이 책이 추구하는 바였습니다.《30대 흙수저, 기적의 강남 입성기》를 나침반 삼아 독자분들의 새로운 첫걸음이 목표한 곳까지 다다를 수 있기를 희망하고 또 응원합니다.

3장

똑똑한 선택은 디테일에 있다

4장

생애 주기와 부동산 주기를 매칭하라

5장

흙수저의 경제적 자유 프로젝트

1장

흙수저의
강남 입성기

'노력'이 반드시
'최선'의 결과를 보장하진 않는다

쇠수저에서 진정한 흙수저로

> **• 수저계급론**
> 부모로부터 물려받은 사회·경제적 지위에 따라 계급이 결정된다는 뜻의 신조
> 어. 집안 형편이나 부유한 정도를 수저의 재질에 비유하여 금수저, 은수저, 동수
> 저, 흙수저 따위로 계급을 나눈다.

수저계급론. 최근 몇 년간 여러 매스컴, 특히 SNS 등 온라인 매체를 통해 급속도로 퍼져나간 이 개념은 마치 최근 대두되고 있는 사회 현상인 것처럼 보이기도 하지만, 사실 그 근본이 되는 '부의 대물림'은 자신의 후대를 위한 인간의 '본성' 같은 것이다.

어린 시절을 생각해보면 '흙수저'까지는 아니었지만 '쇠수저'쯤은 되었

던 것 같다. 넉넉한 형편은 아니었지만 부모님의 적극적인 지원 아래 지방의 꽤 괜찮은 학군에서 고교 시절을 보낼 수 있었고, 목표로 했던 서울에 있는 대학에 진학할 수 있었다.

대학 입학 2년 후, 입대를 했다. 그즈음 우리 집은 보증 등의 문제로 경제적으로 기울어지기 시작했다. '군대'라는 폐쇄된 공간에서 내가 무엇을 할 수 있을까 고민만 하던 그때, 군대 선임이 항상 읽던 경제 서적이 눈에 들어왔다. 그 전에는 S대 경제학과 출신인 선임이 공부하는 모습을 보면서 '참 대단하다' 싶었는데, 내 상황이 이렇게 되고 나니 경제 공부라도 해야겠다는 생각이 들었다. 바로 선임에게 현재 내 사정에 대해 솔직히 털어놓았고, 선임의 도움을 받아 자본시장의 이해부터 경제학원론, 주식 투자법까지 닥치는 대로 공부를 시작할 수 있었다.

그 당시 내가 이렇게라도 희망을 찾으려 노력할 수 있었던 건 비상금이 있어서였다. 대학 입학 때 어머니께서 몰래 건네주신 통장에는 무려 1300만 원이 들어 있었다. 내가 어릴 때부터 생활비를 아껴 매달 조금씩 모았으니 서울에 가서 하고 싶은 것 다 해보라며 건네주신 통장이었지만 어머니가 어떻게 모은 돈인지 알았기에 절대 허투루 쓸 수는 없었다.

이 통장은 저축의 중요성을 깨닫게 해주었다. 대학을 다니며 틈틈이 아르바이트한 돈을 모았더니 군 입대 즈음엔 통장 잔고가 2000만 원 정도가 되었다. 뚜렷한 목적이 있어서 저축한 것은 아니었지만, 어느덧 든든한 종잣돈이 되어 있었다.

선임을 멘토 삼아 꾸준히 공부하면서 나만의 투자 기준을 만들어 나갔다. 어느 정도 준비가 되었을 때 과감히 휴가를 신청하였다. 그때 선임이 내게 해준 말이 있었다.

"실제 부동산 투자자보다 주식 투자자가 훨씬 더 많아도 부동산으로 성공할 확률이 더 높은 건, 대부분 주식을 할 때 부동산만큼 공부나 고민을 하지 않기 때문이야. 단 한 주를 사더라도 평생을 가져간다는 생각으로 투자해. 그렇다고 무조건 성공하는 건 아니겠지만 장기적으로 최소한 실패하진 않을 거야."

이 말을 생각하면서 포트폴리오를 국내주식 50%, 해외주식 50%로 구성했다. 국내 투자는 오랜 고민 끝에 초우량주인 삼성전자와 기아차 각 500만 원씩, 해외 투자는 운영성과가 좋았던 운용사 펀드를 통해 인도와 중국에 각 500만 원씩 하였다. 이렇게 모든 종잣돈을 쏟아붓고 복귀했는데, 내 판단이 맞았는지 아니면 초심자의 행운이었는지 전역 후 2배 이상이 되어 돌아왔다.

23살, 내 인생 첫 투자. 난 수익뿐만 아니라 많은 것을 배웠다.

1. 저축밖에 모르던 내가 처음으로 자본주의 사회에서 자산관리 방식의 다양성에 눈뜨게 되었다(이를 계기로 이공계였던 나는 전역 후 경영학을 복수전공하게 되었다).
2. 요행이 아닌, 공부와 고민의 결과로 수익을 얻었다.
3. '공부-기준 정립-실행'이라는 투자 철칙과 프로세스를 만들었다.

전역 후 투자 성과로 남은 학기 등록금을 낼 수 있었으나, 열심히 공부하여 만든 돈을 모조리 학비로 없애버리고 싶지는 않았다. 그래서 군대에서 생각한 '전역 후 플랜'을 바탕으로 과외, 학원 강사 등 부가가치를 높일 수 있는 아르바이트를 시작했다.

나름 좋았던 입심에 절박함까지 더해지니 학원에서 점차 학생수가 늘어 좋은 대우를 받을 수 있었고, 과외도 소개가 이어져 종잣돈의 손실 없이 학업을 이어나갈 수 있었다. 학업과 일을 병행하면서도, 미래는 지속적인 투자 공부와 실행에 달려 있다고 생각하며 노력했다. 대학 졸업까지 이어진 금융에 대한 관심과 노력은 주 전공이 아님에도 금융권으로 최종 진로를 정하는데 많은 영향을 주었다.

모은 돈을 고스란히 전세금으로

치열한 경쟁을 통해 금융권 취업이란 목표점에 도달해 보니, 그곳은 또 다른 시작점이었다. 해도 해도 줄지 않는 업무와 녹록지 않은 사회생활이 가져다주는 스트레스는 매월 받는 월급만큼이나 따박따박 쌓여갔다. 그렇지만 타 직종 대비 높은 금융권의 월급은 대학 생활 내내 반 생계형 직장인으로 지낸 나에게 충분한 당근이었다.

군대부터 몸에 밴 절약습관 덕에 또래 사회 초년생들보다 좀 더 돈을 모아 주식, ELS, 펀드 등에 분산 투자를 하면서 안정적인 수익도 올렸다.

그러기를 2년, 취업 전 가지고 있던 자금과 합쳐 1억이라는 고지를 20대에 도달할 수 있었다.

그즈음 경주마처럼 앞만 보고 달려가던 내게도 사랑이 찾아왔다. 결혼이란 현실이 눈앞에 닥치니 지금까지의 것과는 '급'이 다른 문제에 봉착했다. 가장 큰 것은 집 문제. 서로의 예산을 체크해보니 결혼비용을 제외하고 현금 1억 원과 임직원 대출 5000만 원, 총 1억 5000만 원이 신혼집의 최대 예산이었다.

2013년, 서울의 전세가가 천정부지로 치솟고 있는 상황에서 이 예산으로 회사 근처에 신혼집을 얻기란 쉽지 않았다. 하지만 교통비와 업무효율성을 위해 직주근접(직장과 주거지가 가까이에 있음)을 1순위에 두었던 우리는 매일 손품과 발품을 팔아 회사 주변 지역을 샅샅이 뒤졌고, 결국 용산구 서부이촌동에 있는 D아파트 18평형 매물을 찾을 수 있었다.

아무리 그래도 서울, 그것도 중심에 있는 아파트 전세가 왜 이렇게 저렴했을까? 이 집은 같은 단지 내에서도 전세가가 더 낮았는데 그만한 이유가 있었다.

그 집은 하루에 무려 1900여 대의 기차와 지하철이 다니는 철도 옆에 있어 소음과 진동으로 창문을 열 수 없었다. 게다가 사업가인 집주인이 이 집을 거래처에 근저당으로 잡아 놓아 등기부마저 지저분했다. 보증금을 날릴 수 있다는 위험이 있었지만, 예산 범위 내에서 매우 매력적인 집이어서 리스크를 보완할 수 있는 방법을 고민했고, 집주인과의 협의 끝에 잔금일 전까지 근저당을 모두 말소하는 조건으로 전세계약을 할 수 있었다.

입주 후, 우리는 신혼 분위기에 맞춰 셀프 인테리어를 진행했다. 비록 내 집은 아니었지만 아내와 함께 꾸민 첫 집이 그렇게 예쁘고 좋을 수가 없었다. 이 집에서 최소 4년 이상은 살면서 열심히 아끼고 모아 진짜 우리 집을 마련하자며 장밋빛 미래를 그렸다. 그러나 그것도 잠시, 집주인은 전세 1년이 막 지난 시점에 '만기 후 월세로 전환할 예정이니 월세 생각이 없으면 미리 다른 집을 알아보라'며 고맙게도(?) 일찌감치 퇴거 통보를 해주었다.

사실 결혼 전에는 부동산에 큰 관심이 없었다. 지방 출신이라 딱히 서울에 큰 애착이 있는 것도 아니었고, 월급 일부를 주식 등으로 불리면서 은행 이자보다 좀 더 높은 수익률을 내면 언젠가는 부자가 되겠지 하는 막연한 생각뿐이었다.

하지만 내가 돈을 모으는 속도쯤은 가볍게 앞질러 버리는 서울의 집값 상승 속도와 앞으로 태어날 아이를 생각하니 '내 집 마련'이 단순히 투자이기 전에 심리적 안정감을 가져다주는 정말 중요한 요소임을 깨닫게 되었다. 또한 '개인'이 아닌 '가족'의 관점으로 '집'을 바라보니 결혼 전에는 전혀 생각지 못했던 주변 환경과 편의시설, 학군 등이 눈에 들어왔다.

첫 신혼집이었던 서부이촌동은 큰 길 하나를 두고 부촌의 상징인 동부이촌동과 맞닿아 있었는데, 같은 이촌동이지만 집값에는 큰 차이가 있었다. 2013년 당시 동부이촌동의 대표 단지인 H아파트 24평 매매가는 5억 5000만 원 정도로 우리가 전세로 살고 있는 아파트보다 훨씬 비쌌다. 20평대, 그것도 복도식 아파트가 왜 이렇게 비싼 건지 궁금하고 놀라웠지만, 전세금 1억 5000만 원도 마련하기 버거웠던 우리 부부에게 5억 이상의 아파트는 상상 속에서나 살아볼 집이었다.

같은 이촌동인데 동부와 서부는 왜 이렇게 집값이 차이가 날까? 이 궁금증은 주말에 동부이촌동을 몇 번 다녀보고 바로 알 수 있었다. 동부는 확실히 서부에 비해 생활 인프라가 잘 갖추어져 있었고 지하철역도 가까웠다. 무엇보다 동네 분위기가 정말 평온하고 여유 있는 느낌이었다. '아! 이래서 사람들이 훨씬 비싼 돈을 주고라도 좋은 동네로 가려는 거구나'를 깨달았고, 우리도 언젠가는 이런 좋은 동네에 살자고 다짐했다.

02

부동산에 눈뜨다

'두려움'을 땔감 삼은 내 집 마련에 대한 열망

2014년 신혼집의 전세 재계약은 힘들 것 같았고, 끝도 없이 오르기만 하는 서울 전세가에 우리는 주거 안정을 위해 내 집 마련을 결심했다. 소위 '좋은 동네'에 대한 시각은 생겼지만, 그에 비해 우리의 예산은 너무나 비루했다. 별 수 없이 우리는 지금보다 더 허리띠를 졸라매는 쪽을 택했다. 예를 들면 외식은 1주일에 한 번, 그것도 3만 원 이하로만 하고, 차도 유지비가 가장 적게 들어가는 중고 마티즈를 탔다. 이처럼 보릿고개 버텨내 듯 한 달 생활비는 100만 원 정도로 최소화하고 대부분의 수입은 모으는 것에 주력했다.

하지만 어느 순간부터 회의감이 들기 시작했다. 정말 열심히 벌고, 지독히 아껴도 연간 5000만 원 정도가 저축의 한계였는데, 우리가 눈 여겨

본 아파트는 그 사이 5000만 원 이상이 훌쩍 올랐다. 정말 아끼고 아끼느라 못난 남편, 미안한 아빠였던 지난날이 허탈감으로 다가왔다.

'이렇게는 쳇바퀴 도는 삶에서 벗어날 수 없어!'

절대 저축과 안정적인 투자만으로는 우리가 원하는 집을 살 수 없음을 깨닫고, 내 집 마련 전략을 '돈을 꾸준히 모은다'에서 '집으로 집을 산다'로 바꾸었다. 그러나 자본금이 적다보니 주택 매입 시 절반 이상은 대출을 해야 하는데, 만일 집값이 떨어진다면 그동안의 노력이 한순간에 날아가 버릴 수 있기 때문에 신중할 수밖에 없었다. 이것은 부동산 공부를 더욱 독하게 하게 된 계기가 되었다.

나만의 기준을 세우다

공부와 더불어 목표한 집 장만을 위해 우리 부부가 가장 먼저 한 일은 '투자 기준'을 세우는 것이었다.

〈내 집 장만 당시 세운 투자 기준〉
1. 최대한 자산 가치의 하락은 방어할 것
2. 서울 집값 평균 이상으로 상승하여 다음 집으로 갈아탈 때 디딤

돌이 되어줄 것

3. 아이를 키우기 좋은 곳

4. 서울 내에 가장 수요가 많은 역세권의 24평형 아파트

5. 대출을 포함하여 5억 이하

이때부터 주중에는 인터넷으로 서울 각 지역의 아파트 시세 및 거래 동향을 분석하고, 맘카페를 통해 주거 만족도와 학군 및 생활 인프라 등에 대해 조사했다. 타깃 지역을 선정한 이후에는 주말마다 임장을 다니며 '지하철역과의 거리, 초등학교 등교 동선 및 거리, 도심이동 버스노선, 집 구조 및 동별 일조량' 등을 시간대별로 체크했다.

조사를 하면서 거주 만족도가 높은 곳은 들어오려는 수요는 많은데 나가는 수요가 적어 전세 물건이 항상 부족하고, 이로 인해 전셋값이 상승하면서 다시 매매가를 끌어올리는 요인이 된다는 것을 알게 되었다. 또한 주변 인프라 역시 가격을 결정하는데 중요한 요소이기에 인근의 좋은 인프라를 같이 공유할 수 있는 곳을 택하기로 했다. 또한 집값 상승에는 해당 지역 주민의 경제력이 크게 작용한다는 것도 확인하였다. 이렇게 조사를 통해 하나씩 배워가며 아파트 선택 기준을 더욱 구체적으로 정리해갔다.

1. 출퇴근하기 편리한 곳

당시 근무지는 용산이었지만, 향후 본사(을지로) 발령과 아내의 직장까지 고려된 입지여야 했다.

2. 나뿐만 아니라 많은 사람이 출퇴근하기 좋은 위치

실거주뿐만 아니라, 향후 매도까지 고려해 고소득 직장이 밀집된 지역으로 출퇴근하는데 편리해야 한다고 생각했다. 그래서 대표 3도심인 강남, 종로, 여의도 접근성을 고려해 최소 이 중 하나의 접근성은 충족하는 곳을 선택하기로 했다. 또한 지하철역 500m 이내로 2, 3, 5, 9호선 중 한 개를 끼거나, 3도심으로의 출퇴근 버스노선이 많은 곳을 택하기로 했다.

3. 주변이 최소 500세대 이상의 중대형 단지

아파트 단지 밀집 지역은 생활하기에 편리한 상점, 마트, 병원 등 인프라가 잘 갖춰져 있고, 동네 분위기도 좋아 많은 사람이 선호할 거라 생각했다. 또한 아파트 단지가 밀집되어 있으면 나름 대단지 효과로 부동산 상승기에 같이 오르고, 침체기에 비교적 가격 방어가 될 것이라 판단했다. 그래서 빌라촌 사이에 끼어 있는 소형 아파트 단지는 입지가 좋더라도 피하기로 했다.

4. 낙수 효과를 볼 수 있는 곳

대장주 아파트 바로 옆에 있거나, 향후 재건축으로 대장주가 될 곳의 인근에 있어 확장성과 낙수 효과를 누릴 수 있는 곳을 찾기로 했다.

5. 평지, 방 3개짜리 24평형

향후 인구구조상 노년층이 늘어나고, 딩크족 등 가구원 수가 줄어들 것이라 생각했다. 또한 베이비부머 세대가 은퇴하면 자금 부족 등으로 서울 내 다운사이징이 진행될 것이라 판단했다. 이런 이유로 2~3인 가구의 선호도가 높은 방 3개 24평형 구조가 유동성과 수익성 면에서 좋을 것으로 봤다.

강남 입성을 위한
공성전 준비

서울, 김정호가 되다

2014년, 피나는 손품과 발품을 통해 최종 선정한 아파트 후보지는 다음
과 같다.

1. 용산구 동부이촌동 K아파트(24평): 4.4~4.6억/834세대/1999년식

<u>장점</u> 최고의 생활환경을 갖춘 동부이촌동. 이촌역 중앙선과 4호선
더블 역세권에 버스 노선이 많아 내 회사인 용산이나, 아내 회사인
을지로 출퇴근에 교통이 편리하다. 또한 입지적으로 서울의 중심이
고, 용산의 개발 잠재력까지 높아 향후 미래가치가 우수하다. 동부
이촌동 역세권 중 가장 저렴했다.

단점 복도식이고 철도와 가까웠다(신혼집이 소음이 심해 트라우마가 있었다). 아파트 가격이 4억 중반으로 LTV(주택담보대출비율) 70% 대출을 최대한 받아야 하는 심리적 부담이 있었다.

2. 강남구 수서동 S아파트(21평): 3.8~4억/1162세대/1992년식

장점 강남구 프리미엄. 수서역 3호선과 분당선 더블 역세권으로 강남 접근성이 좋다. 비교적 가격대가 낮아 대출에 대한 부담이 상대적으로 적다. 수서역 주변으로 이마트, 수영장 등 생활 인프라가 좋다. SRT 개통이슈 등 미래가치가 높고 처갓집이 가까워 육아 시 장모님 찬스가 가능하다.

단점 우리 부부의 직장인 을지로와 용산에서 거리가 멀었고, 단지 내 가장 큰 평수가 21평으로 공간의 한계가 있었다. 단지 자체가 소형 평형 위주의 서민형 아파트라 향후 상승에 한계가 있었고, 주변에 임대 아파트도 많아 강남임에도 초등 학군에 대한 인식이 좋지 않았다.

3. 영등포구 당산동 H아파트(24평):3.8~4억/730세대(2차 포함)/2001년식

장점 2·9호선 더블 역세권인 당산역과 5호선 영등포구청역이 도보로 가능한 트리플 역세권으로 여의도, 강남, 을지로 등 중심 업무지구 진입이 용이하다. 평지 지형에 도보로 한강공원 진입이 가능하고, 영등포구에서 여의도를 제외한 최고의 지역이다.

지역 대장주인 R아파트가 바로 앞에 있고, 인근 S아파트가 재건축 중으로 완공 시 낙수 효과를 기대할 수 있었다. 무엇보다 우리가 찾은 후보군 중 유일한 계단식 24평 아파트였다.

단점 방 하나가 너무 작아 활용도가 낮다(실제로 방을 터서 거실로 쓰는 세대도 많았다). 계단식 24평이지만 2베이로 평면구조가 좋지 않았다.

4. 서초구 신원동 F아파트(24평): 3.7억/585세대/2015년 입주 예정

장점 서초구, 신축단지, 신분당선 초역세권, 최고의 강남 접근성(지하철 8분), 후분양이라 전세 만기와 맞물려 즉시 입주 가능하고, 분양 가격이 3억 6000만 원으로 부담이 적다. 동네 주변이 청계산과 여의천 등 자연으로 둘러싸여 있어 강남임에도 숲속 같은 느낌이라 아기를 키우기 좋은 환경이고 단지 전체가 평지이다.

단점 엄청난 청약 경쟁률이 예상되었고, 임대세대의 비중이 80%로 높았다. 동네 전체가 그린벨트 개발로 형성되어 섬처럼 갇혀 있어서 주변으로 추가 확장성은 낮다. 보급형으로 시공된 보금자리 단지 특성상 다른 신축단지와 비교해서 단지 내 조경, 커뮤니티, 집 내부 마감재가 아쉬웠다.

매매, 경매, 재개발, 청약? 내게 맞는 무기를 고르다

앞 4개의 후보군 중 장단점을 고려해 우리는 신원동 F아파트 청약을 1순위로 정했다. 당시의 판단으로는 단점보다 장점이 커서 당첨을 목표로 청약에 대해 공부하기 시작했다.

일단 일반분양은 우리의 청약통장 금액으로 당첨이 불가능해 특별공급으로 눈을 돌렸고, 신청 유형 중 유일하게 지원자격이 되는 '생애최초 전형'을 목표로 잡았다. 또한 지역 내 먼저 분양했던 단지의 평면 타입별 경쟁률 등을 분석해 가장 선호도가 떨어지는 타입으로 신청하여 당첨 확률을 높이는 전략을 썼는데, 우리의 노력이 통했는지 말 그대로 생애 최초로 청약 당첨이 되었다.

그러나 당첨의 기쁨도 잠시, '소득요건 초과'라는 사유로 부적격 통보를 받았다. 부적격 통지서 내용은 아내와 나의 합산 소득이 특별공급의 소득기준을 초과한다는 것이었다. 어떻게 당첨된 청약인데, 이대로 포기할 수는 없었다.

당시 생애최초 특공의 소득요건은 전년도 건강보험료의 보수월액으로 평가했다. 아내는 청약공고일 몇 개월 전 이미 퇴사한 상태였기에 현재는 소득이 없다는 점, 나의 전년도 소득은 성과급으로 인한 일시적 상승인 점을 들어 현재 기준으로는 소득 요건을 충족함을 증명했고 다행히 받아들여져 당첨자격을 유지할 수 있었다.

만약 그 당시 내가 부적격 통보에 수긍하고 포기했더라면 어떻게 됐

을까? 그랬다면 지금 강남 입성의 꿈도 같이 사라지지 않았을까? 이때의 경험으로 목표가 분명하고 이것을 이루기 위해 노력하면 더 나은 결과를 만들 수 있다는 긍정적 믿음을 갖게 되었고, 그게 투자든 회사 업무든 모든 것에 최선을 다하게 되었다.

두 번째 공성, 대치동 입성기

회사, 꿈을 위한 발판이 되다

현재 나는 회사에서 VIP고객들의 자산관리에 대한 자문 서비스를 제공하는 WM(Wealth Manager)직에 있다. 입사 후부터 해당 업무 수행에 도움이 되는 자격증을 취득하고 회사에 내가 이 업무를 잘 수행할 수 있음을 지속적으로 어필했다. 이런 노력이 인정받은 걸까? 대리로 승진하면서 금융회사 입사를 목표로 할 때부터 원하던 업무를 맡게 되었다.

내가 WM 업무를 하고 싶었던 가장 큰 이유는 VIP라고 불리는 많은 자산가들을 만나 그들의 삶을 간접적으로라도 체험하면서 시야를 넓히고, 좋은 관계를 형성하고 싶어서였다. 업무 특성상 세금, 부동산, 금융상품 등 다방면으로 항상 공부하고, 고객들의 더 나은 결정을 위해 세무사, 노무사, 변호사, 부동산 전문가들과 끊임없이 논의해야 했다. 그분들의 자산관리에 있어 실수 없이 도움을 드려야 되는 부분이 때로는 스트레스였지만, 일을 하면서 성장하고 많은 것을 이룰 수 있었기에 항상 감사함을 느낀다.

나는 다양한 분야의 수많은 부자들을 만나면서 그들의 자산 형성 과정에서 가장 큰 비중을 차지한 것이 '부동산'이었고, 투자 원칙에 공통점이 있음을 발견했다.

〈자산가들의 부동산 투자 원칙〉

1. 비싸더라도 돈 많은 사람들이 몰리는 입지에 투자한다.
2. 부동산은 큰 주기를 가지고 생물처럼 움직이기 때문에 흐름을 읽고 움직인다.
3. 결정을 내리면, 자신을 믿고 과감히 실행에 옮긴다.

청약 당첨으로 우리 소유의 첫 집에 입주하던 2015년은 부동산 시장이 꿈틀거리는 시기였는데, 이 시기 많은 부자들이 강남 지역 아파트를 계속 사들이고 있었다. 이를 지켜보면서 그토록 원했던 내 집 마련에 성공했지만 더 이상 투자할 돈이 없다는 핑계로 가만히 넋 놓고 있어서는 안 되겠다는 생각이 들었다.

부자들의 시각으로 본 강남, 그리고 좋은 아파트

2015년 당시 부자들이 가장 많은 관심을 갖는 부동산은 개포와 잠실, 반포와 잠원 등 강남권 재건축 아파트였다. 이외에 당장 재건축은 힘들어도 최고의 입지를 갖춘 압구정, 청담, 여의도의 재개발 가능 단지와 더불어 대치, 반포 지역 신축에 대한 관심도 높은 편이었다. 많은 부자들의 생각과 움직임을 확인한 나는 두 번째 부동산 투자를 결심한다. 우리의 최대 예산 안에서 투자 겸 향후 갈아타기 목적으로 살펴본 아파트는 다음과 같다.

1. 강남구 개포동 J아파트 11평(6억 중후반, 전세 1억)
장점 개포주공 중 가장 큰 대단지. 재건축 완료 시 개포의 랜드마크가 될 것으로 확신했다.

단점 초기 투자비용이 높았고, 완공까지 지속적인 이자가 발생한다(최소 7년 예상).

당시 나는 자산가들의 투자방식을 조금이라도 따라 하기 위해 재건축 물건들 중 가장 비용이 적게 드는 이 아파트를 갖고 싶었다. 주말마다 아내와 인근 부동산을 찾아갔더니 열심히 사는 우리를 잘 봐주어 급매물이 나오면 먼저 연락을 주었다. 그중 한 건은 매도자와 잘 협상이 되어 6억

7000만 원에 거래 직전까지 갈 수 있었지만, 전세보증금을 제외한 5억 7000만 원을 마련하기 위해 최대한 대출을 끌어모아도 부대비용 포함 약 1억 정도가 부족해 눈물을 머금고 포기해야 했다.

2. 강남구 도곡동 R아파트 24평(7억 중후반, 전세 6억 초반)

장점 도곡역 더블 역세권, 계단식, 훌륭한 단지 내 조경, 지하 주차장, 근처 초등학교까지 큰 건널목 없이 도보 이동이 가능했다. 추후 실거주로도 생각했던 단지로 숙명 여중·여고가 바로 옆에 위치해 있어 초등학교부터 고등학교까지 최고의 학군 인프라를 갖추고 있었다.

단점 입지가 약간 애매했다(대치 도곡의 메인 단지들과 분리되어 있어 대장주의 낙수 효과를 받기에 불리해 보였다).

개포 주공을 놓친 후, 이 단지를 잡기 위해 몇 주간 인근 단지 부동산을 돌던 중 정말 괜찮은 급매물이 나왔다. 22층 중 21층의 초로열층 매물로 도로변 옆동이라 약간의 소음은 있지만 그만큼 조망권은 우수했고, 거실과 방이 모두 확장되어 있어 실거주로 좋을 듯했다. 또한 필요자금도 전세를 끼고 2억 미만으로 추가 대출을 활용해 충분히 마련할 수 있었다.

다만 향후 실거주 시 도로변이라 약간의 소음이 걱정되어 부동산에 양해를 구하고 아내와 인근 카페에서 고민 후 매입을 결정하겠다고 했는데, 그 사이 지방의 한 매수자가 집을 보지도 않고 가계약금을 넣는 바람에 이 집도 눈앞에서 놓쳐 버렸다.

3. 서초구 반포동 X아파트 24평(10억 내외, 전세 8억 내외)

장점 반포 랜드마크 단지로 최고의 조경, 최고의 커뮤니티 센터, 평생 한번쯤은 살아보고 싶은 아파트로 전세가도 높아 갭투자(전세 레버리지 투자)가 가능했다.

단점 저렴한 물건은 고속도로 쪽이었고, 9억 초과 주택은 3.3%의 높은 취득세(3000만 원 이상)가 발생했다.

이 단지 또한 두 번의 기회가 있었다. 첫 번째 매물은 9억 5000만 원, 1층 매물로 유일한 9억대였다. 당시 나는 매입을 원했지만 아내가 향후 실거주 시 1층이라 사생활 침해 문제 등이 마음에 걸린다고 하여 포기하게 되었다.

두 번째 매물은 10억 1000만 원, 12층 매물로 부동산에서 급매라며 추천해 주셨는데, 우리 입장에서 아무리 전세를 낀 매입이라도 10억이 넘는 주택을 매입한다는 것이 좀 두려웠다. 하지만 용기를 내어 1000만 원만 조정해주시면 매수하겠다 했지만 매도자는 정말 싸게 내놓은 급매라 단 1원도 깎을 수 없다며 팔지 않겠다고 하여 우리와 연을 맺지 못했다.

4. 강남구 대치동 S아파트 26평(7억 중반, 전세 5억 중반)

장점 대치역과 한티역 더블 역세권, 대치 학원가의 중심, 인근 지역 대장 단지와 재건축 랜드마크 단지로 둘러싸여 있다(최상의 입지).

단점 복도식, 낮은 전세가(투자비용이 상대적 높음), 초등학교까지 보행로가 불편하다. 단지 내 조경이 거의 없고, 26평 동들은 대부분 메인 단지와 2차선 도로를 두고 있어 분리된 느낌이 들었다.

앞선 단지들의 매수 실패 후 3개월 넘게 물색해 2개의 타깃 매물을 찾았다. 가장 원했던 매물은 26평 중 유일하게 메인 단지에 포함되어 있는 로열동 중간층으로 앞이 트여 있어 조망도 좋았다. 복도식이지만 한 층에 3세대밖에 없고 특히 우리가 봤던 라인은 옆집이 없어서 거의 계단식 느낌이었다. 가격 협상도 비교적 잘되어 매도자가 7억 6000만 원까지 맞춰주기로 했지만, 뜻하지 않은 문제가 발생했다.

당시 이사를 가겠다던 월세 임차인이 우리가 매수를 위해 전세로 맞추려 하자 갑자기 만기까지 있겠다며 말을 바꾸었다. 이 물건을 잡기 위해서는 월세 보증금을 제외한 7억 3000만 원이 필요했는데, 그 자금을 맞출 수가 없었다.

그렇게 또 한 번 실패를 맛보았지만, 몇 주 후 부동산에서 중간층 매물이 7억 5000만 원에 급매로 나왔다 하여 서둘러 찾아갔다. 한 층에 8세대가 붙어 있는 전형적인 복도식 구조였지만, 해당 매물은 라인 마지막에 있어서 비교적 독립적이었다. 딱 마음에 드는 건 아니었지만, 탁 트인 거실 조망과 매도자분이 가격 조정도 흔쾌히 해주셔서 당해 동일 평형대에서 가장 저가(7억 4000만 원)로 매입하는데 성공했다.

사실 개포 주공 재건축이나, 반포 랜드마크 단지에 투자했다면 더 많은 시세차익을 얻었을 것이다. 비록 최고의 수익률을 달성하진 못했지만, 당시 아내와 함께 치열하게 고민하고 발로 함께 뛰면서 선택한 최선의 결과였다.

이렇게 두 번째 아파트 매입에 성공할 수 있었던 것은 부동산 거래에 있어 키맨인 중개사님들과 좋은 관계 덕분이었다. 당시 우리의 가용 자금은 추가 담보대출과 신용대출을 합친 총 2억 6000만 원이었다. 대출 100%의 레버리지 투자였기에 고민을 거듭했고, 조금이라도 더 좋은 물건을 잡기 위해 주말마다 관심 지역의 부동산을 돌면서 급매가 나오면 언제든 계약금을 넣을 준비가 되어 있으니 잘 부탁드린다고 했다. 결국 그렇게 연을 맺은 분들 중 한 분을 통해 최고의 급매물에 먼저 접근할 수 있었고, 마지막까지 가격 조율에 힘써 주셔서 두 번째 강남 아파트 매수 계획이 성공적으로 끝날 수 있었다.

양극화 시대 또 한 번의 결심

2016년 투자 겸 향후 실거주까지 고려한 내 인생의 두 번째 대치동 아파트 매입 후, 서울의 부동산 시장은 강남을 시작으로 강북까지 상승장을 이어갔다. 하지만 내가 살고 있던 내곡지구는 강남임에도 불구하고 외곽이어서 그런지 가격 상승이 미미했고, 심지어 2017년 강북 중심지역의 동일 평형 단지들에게도 시세를 역전당했다. 아파트 투자의 트렌드와 세부 지역 양극화가 더욱 심화되는 것을 보면서 다시 한 번 일시적 2주택 비과세를 활용하여 좀 더 중심지로 아파트를 갈아탈 필요성을 느꼈다.

고민 끝에 결국 내곡 아파트를 매도하기로 결정했는데, 청약 당첨 때처럼 매도 시에도 많은 우여곡절이 있었다. 처음에는 시장 분위기를 보기 위해 동네 중개사들이 최고 높은 가격이라고 알려준 9억에 내놓았는데, 며칠 지나지 않아 매수자가 있다며 여러 부동산에서 연락이 오기 시작했다.

뭔가 이상함을 느낀 나는 이 가격에 매도하는 건 아닌 거 같다는 생각이 들어 9억 5000만 원에 다시 매도를 부탁드렸으나, 동네 부동산에서 이 가격에는 광고를 올려주지 않았다. 동네 부동산들은 호가가 높아지면 매수 수요가 줄어 거래가 힘들어질 거라 판단했는지, 평형별 일정 가격 이상으로는 광고를 올리지 말자는 암묵적 합의를 한 듯했다. 그래서 그동안 부동산들이 정해놓은 선에서 거래가 이루어졌고, 다른 지역과 달리 좀처럼 박스권을 벗어나지 못하다가 강북에도 시세 역전을 당한 게 아닐까라는 생각이 들었다.

'어떻게 하면 제 가격에 팔 수 있을까?'

한참을 고민하던 중에 개인도 네이버 부동산에 광고할 수 있는 방법을 알게 되어 당초 생각했던 9억 5000만 원으로 네이버 부동산 광고를 등록했다. 동시에 내가 매도 과정에서 겪은 일과 직접 광고한 내용을 지역 커뮤니티에 활발하게 알렸다.

그 후, 단지 내 부동산에서는 많은 변화가 일어났다. 동네 부동산들은 타 지역 부동산을 통해 올린 걸로 알았는지 확인 연락이 쏟아졌고, 심지어 타 지역 부동산에서는 네이버 광고를 보고 자신이 중개하고 싶다는 연락이 오기 시작했다. 이내 두텁기만 했던 26평 기준 9억이라는 벽이 무너지며, 마침내 전체적으로 막혀 있던 동네 아파트 시세가 움직이기 시작했다.

물론 몇몇 동네 부동산들의 항의도 있었다. 그러나 나는 묵묵히 밀고 나갔고 딱 1주일이 지나자 동네 부동산들은 백기를 들고, 내가 원래 원했던 가격에 광고를 올려줄 테니 개인적으로 올린 광고를 내려달라는 요청을 해왔다. 나 역시 더 이상 동네 부동산과의 갈등은 원치 않았기에 개인 광고를 내리고, 부동산을 통해 매물을 다시 내놓았다.

9억 5000만 원으로 올라간 호가에도 불구하고, 매주 많은 매수자들이 집을 보러왔다. 1000만 원만 조정해주면 바로 계약하겠다, 이사 날짜를 조정해달라, 지금 바로 입주하게 해주면 이사비 500만 원을 더 주겠다 등 여러 가지 제안을 받았다. 이런 과정 속에 실제 가계약까지 했다가 매수자 사정에 의해 취소되면서 시간이 흘러갔다.

당시 강남권 중심지역은 상승하며 연일 신고가를 갱신하고 있는데, 같은 강남임에도 변두리 지역인 우리 동네는 시세도 많이 오르지 않았고 거래 자체도 거의 없었다.

하지만 분명 시간이 지나면 중심지에서의 온기가 우리 동네까지 전달될 거라고 생각했고, 중심지역 아파트의 가격 상승률을 토대로 분석한 결과 '우리 아파트도 11억까지는 갈 것이다'는 생각이 들어 너무 조급해하지 않기로 했다. 어렵게 입주했던 첫 집이었던 만큼 절대 헐값에 매도하고 싶지는 않기 때문이다. 결국 당초 목표가보다 높은 가격 매도에 성공할 수 있었다.

원하는 고지에 오르다!
잠실 한강뷰 입성기

끝날 때까진 끝난 게 아니다

2017년, 정부의 8·2대책으로 2018년 4월부터 양도세 중과가 시행되며, 연초 상승했던 강남 중심지역 위주로 급매물이 하나씩 나오기 시작했다. 이때부터 나는 갈아탈 기회를 잡기 위해 임장활동에 더욱 집중하기 시작했다. 원래 계획은 투자했던 대치동 20평대 아파트로 이사 후 시기를 봐서 최종 종착지를 정해 옮기려 했으나, 오래된 복도식 아파트이고 결국은 한 번 더 갈아타야 한다는 점, 아이가 어려서부터 대치동에서 경쟁에 치이게 하고 싶지 않다는 이유 등으로 아이의 초등학교 입학 전에 최종 종착지를 확보하고 싶었다.

신혼 시절, 아내와 다짐했던 목표를 되새기며 중심지역 30평대, 10년 이내의 준신축 급매 위주로 우리가 원하는 조건을 충족시킬 수 있는 곳

(단지 내 초등학교, 근처에 공원이 있고, 생활 인프라가 갖추어진 곳, 한강뷰)을 찾아 보기로 했다.

다행히 첫 집인 내곡 아파트와 두 번째로 산 대치동 아파트 가격이 많이 올라 저축이 아닌 '집으로 집을 사겠다'는 계획이 실현 가능한 상황이었다. 우리는 지속적인 임장활동을 통해 최종 정착지로 잠실 P아파트를 선택했다. 단지 옆으로 한강이 흘렀고, 뒤로는 올림픽 공원이 위치해 있으며, 잠실까지 도보 이동이 가능해 생활 인프라도 좋았다. 추가로 한강 건너편 옆 재건축 단지가 신축으로 탈바꿈해 잠실의 대장주 아파트가 된다면 이로 인한 낙수 효과도 기대할 수 있었다.

당시 이 단지는 양도세 중과 시행 후, 거래가 끊기며 가끔 하나씩 급매가 나오기 시작해 임장을 다니며 급매잡기에 돌입했다. 강남권 6000세대 이상의 대단지다 보니 단지 내에서도 로열과 비로열 물건의 가격 차가 컸으며, 상승장에서는 생각도 못할 로열동 로열층 매물을 잡는 것이 조정장에서는 가능해 보였다.

다만 우리가 목표로 했던 한강뷰와 지하철역까지 가까운 물건은 생각보다 급매가 나오지 않았다. 하지만 포기하지 않고 계속 물색해 찾을 수 있었다.

첫 번째 집은 13억 2000만 원에 로열층으로 멋진 한강이 우리를 반겼다. 당시 부동산 분위기 또한 주춤한 시기다 보니 가격도 적정선에서 협의가 가능한 상황이었다.

다행히 첫 집인 내곡 아파트도 잘 매도한 상황이여서 이번에는 순탄하게 갈아타기에 성공하나 싶었는데 절충하는 과정에서 갑자기 다른 매수자가 나타나 이 매물을 계약해버렸다. 설상가상으로 잠잠했던 강남권 아파트 시장이 다시 움직이며 잠실도 움직이기 시작했다.

최종 정착지로 갈아타기 위해 살던 집은 매도해 버렸는데, 정작 갈아탈 집의 매입에 실패하니, 하루하루가 피 말리는 전쟁이었다. 이 단지의 비로열 급매물부터 거래가 재개되며, 다시 한 번 상승의 조짐이 점차 가시화되고 있었기 때문이다.

초조하게 시간을 보내던 어느 날, 부동산에서 내가 원하는 조건의 급매가 나왔다며 연락이 왔다. 이전에 내가 정말 아쉽게 놓쳤던 같은 라인의 더 높은 층의 초로열 매물이었다. 매물 자체는 마음에 들었지만, 역시나 문제가 있었다. 월세로 거주하던 세입자가 집도 안 보여주고, 월세 만기 후에도 절대 나갈 수 없다고 버티고 있었다. 세입자는 입주 때부터 10년 동안 살고 있어서 마치 자기 집인 것처럼 행세를 했다.

이런 악조건만 아니면 사실 이 시기 매물로 나오자마자 바로 거래가 될 집이었는데 집도 못 본 상태에서 13억에 달하는 물건을, 더군다나 세입자를 내보내지 못하면 월세를 안고 매입하기가 누구라도 쉽지는 않았을 것이다. 하지만 나는 부동산 시장의 분위기가 반전되는 시점에 이 물건을 반드시 잡아야 한다는 절박함이 컸다. 그리고 매도자 역시 양도세 비과세를 위해 연말까지는 이 물건을 매도해야 하는 상황이었다. 나는 무조건 이 물건을 매수하겠다는 의지로 현재 리스크에 대해 체크해 보았다.

집을 못 보는 리스크

이미 같은 라인의 28층 물건을 봤기 때문에 조망은 굳이 안 봐도 뷰가 더 좋을 거라는 확신이 있었고, 집 상태는 안 좋더라도 어차피 입주 전 인테리어를 하고 들어갈 생각이었기 때문에 집을 보지 못하고 매입하는 리스크는 감당할 수 있었다.

세입자 리스크

만약 세입자를 명도하고 전세를 맞추지 못한다면 도저히 매입이 불가능한 상황이었다. 결국 '세입자 명도'라는 조건이 선행되어야 했다. 적극적인 협의 끝에 매도자 사정상 그해 12월까지는 매도를 해야 했기 때문에 혹여나 세입자 명도가 12월까지 불가하게 되면, 내가 등기를 미리 받는 대신 매도자는 전세금만큼의 근저당을 설정하고, 명도 완료 후 3개월이내 전세를 맞춰 정산한다는 특약을 걸었다. 또한 양측 부동산 사장님들은 기존 월세 세입자에게 복비 없이 이사 갈 집을 찾아주고, 동시에 새로운 전세입자도 찾는 등 최선을 다해주기로 했다.

우여곡절 끝에 당해 최저가 수준으로 신혼 때부터 꿈꿔온 모든 조건에 부합되는 최종 정착지를 잡을 수 있게 되었다. 계약 후 다행히 세입자는 집이 팔린 것을 알고 복비 없이 이사 갈 집을 구해주는 조건으로 계약 만기에 나가기로 했고, 2년 후 우리가 들어가 살 집이기에 확장 공사, 도배, 화장실 수리 등 리모델링을 해주는 조건으로 좋은 가격에 전세를 놓아

2018년을 넘기지 않고 잔금까지 치를 수 있었다.

몇 번의 집을 사고팔며 최종 정착지까지 도달한 과정이 마치 드라마처럼 한 번도 쉬웠던 적이 없었다. 첫 집 마련 때 적극적인 소명으로 당첨 부적격을 극복했던 것을 시작으로 내 가족을 위해 무조건 해내야만 한다는 간절함, 철저한 리스크 분석과 과감한 실행력으로 목표를 이루어낼 수 있었다.

부동산 미생,
완생을 꿈꾸다

내 집 마련, 다음 부동산 투자의 출발선이 되다

아이의 초등학교 입학 전까지는 시간적 여유가 있었음에도 서둘러 최종 목적지로 갈아타기를 진행했던 가장 큰 이유는 시간이 지날수록 양극화가 심해져 최종 목적지로 갈아타기가 더 힘들 것이라 판단했기 때문이다.

실제 우리가 잠실을 매입한 직후, 또다시 잠실의 상승세가 시작되면서 내곡 아파트와 갭이 더 벌어졌다. 무엇보다 매수든 매도든 신중한 판단 후 결심이 서면 과감히 실행해야 한다.

부동산 시장은 심리에 의해 움직이는 성향이 강하다. 많은 사람들이 부동산은 주식 등 여타의 금융자산에 비해 가격 민감도가 낮아 비교적 시장의 움직임이 둔할 것이라 생각하는데, 그건 틀린 이야기다. 그래서 부동산 시장의 흐름을 읽는 것이 중요하다.

〈부동산 시장의 흐름이 중요한 이유〉

1. 부동산은 단위 자체가 크다. 즉 약간의 상승폭만으로도 원하는 부동산의 매입이 불가능해질 수 있다.

2. 지역별 상대성이 존재한다. 즉 지역간 벌어지는 갭 차이로 갈아타기가 매우 어려워질 수 있다.

3. 한 번의 투자 결정에 각종 세금 및 중개비 등 많은 매몰 비용이 발생한다.

최종 목적지에 갈아타기 성공 이후에도 부동산 시장을 예의주시했다. 계속되는 부동산 가격 상승을 안정화시키고자 9·13대책이 발표되었다. 대출과 세금이 강화되자 내가 상담했던 많은 자산가들은 서울의 아파트 투자 비중을 줄이고, 규제로부터 비교적 자유로운 섹터인 수도권 및 지방 주요도시의 아파트, 서울 내에서도 건물과 오피스텔 등으로 포트폴리오에 변화를 주기 시작했다.

이를 보며 나 역시 부동산 투자에 대해 다시 한 번 고민해보게 되었다. 부자들을 가까이에서 보고 직접 투자를 하면서 느낀 한 가지는 부자가 되는 가장 빠른 길은 그들을 닮는 것. 즉, 그들의 전략을 벤치마킹해 내 상황에 맞춰 재해석하고 실행하는 것이었다. 이로 인해 나 또한 변화가 필요한 새로운 출발선에 섰음을 느꼈다.

7년 전 내 또래 많은 친구들이 부모님의 지원으로 출발했던 것과 달리, 나는 흙수저로 결혼 생활을 시작해 내 집 마련 하나만 보고 달려왔고, 열

심히 달려온 끝에 강남 요지인 잠실과 대치에 2주택자가 되었지만, 부동
산 투자를 여기서 멈추고 싶지 않다.

경제적 자유를 얻기 위해 좀 더 넓은 시야로 부동산 시장을 바라보기
로 결심하고, 지금까지 '서울 실거주 아파트'에만 국한되었던 부동산 공
부 범위를 수도권 및 지방 아파트뿐 아니라, 오피스텔 및 건물과 토지까
지도 점차 넓혀가며 또 다른 도전을 시작했다.

2장

강남 입성
확률을 높이는
실전 로드맵

[그려라]
명확한 목표와 선명한 청사진

부자가 되고 싶은 마음은 간절한데 방법을 모르겠다면? 부자가 되는 가장 빠른 길은 이미 성공한 사람들을 닮아가는 것이다. 부자들은 무엇을 하든 '목표의식'이 정말 뚜렷하다. 그리고 그 선명한 목표가 현실이 되기까지 끊임없이 노력하고 부딪친다. 무일푼에서 강남 건물주가 된 고객을 상담한 적이 있는데, 그분이 이런 말씀을 해주셨다.

> "목표를 정한다고 모든 것이 이루어지지는 않지만,
> 목표가 없었다면 나는 아무것도 이룰 수 없었을 겁니다."

가끔 영화나 드라마에서 극중 인물의 말이 가슴에 확 와닿을 때가 있는 것처럼, 이 말은 지금까지도 큰 울림을 주고 있다. 삶에서 목표한 바를 이뤘던 분들을 만나며 나 역시 '인생의 목표'라는 것을 진지하게 생각하게 되었다. 그동안은 혹독한 현실에 맞서거나 때로는 타협하느라 인생의 목표가 고작 '오늘 하루도 무사히 버텨내는 것' 정도였다. 그러나 그날 이후 스스로 질문을 던져보았다.

'나는 어떻게 살고 싶은가?'

'그러기 위해 어떤 목표를 세워야 하는가?'

'최종적으로 내가 살고 싶은 삶은 어떤 삶인가?'

고민들에 대한 답을 구하던 어느 날 이런 글을 읽게 되었다.

꿈을 날짜와 함께 적으면 목표가 되고,

목표를 잘게 나누면 계획이 되며,

그 계획을 실행에 옮기면 꿈이 실현된다.

_그레그 S. 레이드

이 글은 '인생의 목표'를 세울 수 있게 해주었다. 반드시 이루고 싶은 나의 인생 목표,

부동산을 통한 경제적 자유

하지만 이 큰 목표를 한 번에 달성하기에는 너무 막막하고, 무작정 달

려가기만 하면 금방 지칠 것 같았다. 그래서

내가 세운 이 '큰 꿈'을 '시간'과 결합했다.

호흡이 긴 목표였기에 '5년 단위의 계획'을 세웠다.

1단계

5년 안에, 가족들이 원하는 강남에 보금자리를 마련한다. 장기간 실거주할 것이므로 아내가 원하는 한강뷰이면서 아이가 통학하기 좋고, 투자 가치가 있어야 한다.

2단계

10년 안에, 수도권 내 꼬마빌딩을 매입하여 경제적 여유를 조금씩 늘려간다. 즉 근로소득 외 부가소득을 늘리며 현금 흐름의 질을 높인다.

3단계

15년 안에, 서울 요지의 건물주가 되어 경제적 자유를 누린다. 그리고 이 주어진 자유를 통해 더 이상 근로소득에 구애받지 않고, 내가 정말 인생에서 하고 싶은 일을 하며 행복한 삶을 산다.

그런데 왜 하필 '부동산'인가. 지금도 가끔 누군가 묻는다. 물론 주식 등 다른 투자 수단들도 많이 있지만, 그중 '부동산'을 택한 이유는 '경험적 통계' 때문이었다. 내가 만난 대부분의 부자들은 사업과 부동산을 통해 부를 이루었으며, 오로지 금융(주식, 펀드, 채권 등) 투자만으로 자산가 반열에 올라선 사람은 많지 않았다. 내 눈과 귀로 확인한 이 단순한 사실 때문에 경제적 자유라는 목적지까지 가는 수단으로 '부동산'을 택하게 되었다.

목표를 더 구체화하기 위해 5년 단위의 계획을 1년 단위로 세분화했다. 가장 먼저 1년 내 동원 가능한 예산으로(대출+소득) 투자 가능한 부동산이 있는지 확인하는 걸 시작으로, 매년 정책과 그 흐름을 살피면서 부동산의 처분이나 매입 등을 고민했다. 이 수많은 고민들은 내 실행 계획의 밑그림이 되었다.

이 과정에서 원하는 대로 될 때도 있었지만, 상황이 여의치 않아서 차선책을 선택할 때도 있었다. 하지만 멈추지 않고 어떻게든 한 걸음이라도 내딛고자 노력했다. 그 결과 1단계에서 목표한 강남에 내 집을 마련할 수 있었고, 그 다음 2단계 목표였던 임대료를 받는 수도권 상가주택의 건물주가 되었으며, 현재는 3단계를 향해 조금씩 나아가고 있다.

솔직히 처음 목표를 세웠을 때만 해도 '정말 해낼 수 있을까?', '잘못되면 어떡하지?' 불안할 때도 많았다. 그러나 놀랍게도 선명히 목표를 세우고, 그걸 또 세분화해서 계획을 세우며, 끊임없이 공부하고 그 계획들을 차근차근 실행하다 보니 거짓말처럼 목표가 이뤄졌다.

독자분들께도 질문을 드려보고자 한다.

간절히 이루길 바라는 목표가 있는가?

목표를 언제까지 어떻게 이루겠다는 계획을 세워본 적이 있는가?

그 계획을 실행하기 위해 미친듯이 공부하고 노력해본 적이 있는가?

목표하는 바가 명확하지 않다면 이 책에 담긴 그 어떤 노하우나 지식도 그저 누군가의 성공스토리쯤에 지나지 않을 것이다. 나는 이 책이 나침반으로 기억되길 바란다. 적어도 이 책의 마지막 장을 덮었을 때 '나도 목표가 생겼다' 혹은 '목표를 이루기 위해 무엇을 하겠다'와 같은 그림을 그리길 희망하며, 다음 이야기를 이어나가려 한다.

[깨트려라]
굳어진 사고의 틀

현 거주지로부터의 과감한 탈피

'코끼리 이론'이라고 들어본 적이 있는가? 아기 코끼리의 발목에 쇠사슬을 채워 큰 나무기둥에 묶어 그 범위를 벗어나지 못하게 훈련을 시키면 시간이 지나 어른 코끼리가 되어 쇠사슬을 풀어도 그 이상의 범위를 벗어나지 못한다고 한다.

우리도 이와 크게 다르지 않다. 자리 잡은 터전이 어느새 큰 나무기둥이 되어 그걸 다 털어내고 새로운 곳으로 옮기기는 쉽지 않다. 그런데 만약 20년 전 자신의 부모님이 자리 잡은 지역이 다행히 강남 등 핵심지역이거나, 마포 등 성장 가능성이 높은 지역이었다면 부동산 투자에 별 다른 관심 없이 살고만 있어도 자산 가치는 저절로 올랐을 것이다. 그러나 만일 반대로 첫 터전이 서울이지만 강북의 외곽이거나 수도권 외곽 등

어쩌면 실거주로는 좋을지 모르지만, 투자로는 가치가 떨어지는 지역이라면 어떨까? 계속 그곳에 머물렀다면 점점 더 입지 격차를 보이는 부동산 시장에서 자산 가치는 상대적으로 점차 낮아졌을 수 있다.

그런데 사실 금수저를 물고 태어나지 않는 이상, 대다수 사람들이 현실적인 문제로 저렴한 입지부터 시작하는 경우가 많다. 그러나 이후에도 그 지역을 벗어나지 못하고 그 안에서 맴돈다면 상대적인 자산가치 하락으로 시간이 지날수록 상급지로의 이동은 어려워진다.

지인들이 집을 얻을 때 나에게 조언을 구하면, 오래된 아파트에 전세로 시작하더라도 가능하면 좋은 지역에서 시작할 것을 추천한다. 비단 돈 때문이 아니라 내가 좋은 지역에 처음 뿌리를 내렸다는 것, 그 사실 자체가 미래에 많은 영향을 주기 때문이다.

내 경우도 신혼 첫 시작을 단지 회사가 가깝다는 이유로 용산 서부이촌동에서 시작했지만, 길 건너 대표적인 서울 부촌 동부이촌동을 보며, 좋은 거주지에 대한 욕심과 부동산에 대한 관심이 생겼다. 부동산을 본격적으로 공부하며 우리의 첫 집 후보지로 동부이촌동으로 두었기 때문에 만일 청약을 통해 강남 입성이 힘들었더라도, 첫 집은 동부이촌동이 될 확률이 높았다. 이렇게 입지에 대한 눈높이를 올리는 것이 중요하다.

'코끼리 이론'이 굉장히 보편적으로 적용된다는 걸 상담하면서 많이 느낀다. 그래서 더욱 '첫 집'과 '과감한 이사'의 중요성을 강조하고 싶다. 현재 내가 있는 곳보다 발전 가능성이 높은 곳으로 거주지를 옮겨 과감하게 생활환경에 변화를 주어야 한다.

'적응은 순간이지만, 입지는 영원하다.'

처음에는 이게 과연 맞는 일인지 옳은 결정인지 의구심도 들고 당장은 대출 이자 등으로 삶의 질이 떨어질 수 있지만, 단언컨대 일단 상급지로 옮기면 부동산에 대한 인식부터 변하게 된다.

왜 이곳이 이전 거주지보다 비쌌는지 알게 되고, 이 체득된 지식은 다음 부동산 투자에 도움이 되는 선순환의 밑거름이 된다. 그래서 가능하면 좋은 지역에서 시작하고, 당장 매입이 힘들어 전세로 시작하더라도 그 지역 안에서 생활하며 자산을 늘리고 적극적인 급매 전략으로 기회를 잡아야 한다(저금리 대출을 활용해서라도 좋은 입지로 시작하거나 옮기길 바란다).

대출에 대하여

나 역시 첫 전셋집을 구할 때 받은 대출이 늘 마음의 족쇄 같았다.

'언제쯤이면 이 대출을 다 갚을 수 있을까?'
'수입이 끊기면 어떻게 하지?'

이런 생각들이 들 때마다 많은 압박을 받았다. 실제로 이런 대출에 대한 부담감 혹은 거부감으로 '부채 0원'을 고수하는 사람들이 많다. 하지만 자신의 자산, 소득 등 현재 상황을 정확히 파악하고, 활용할 수 있는 최대·최적 레버리지를 다룰 줄 아는 것. 이 또한 투자에서 매우 중요한 능력이다.

내가 레버리지 투자의 중요성을 깨달은 것도 부자들이 레버리지를 적극적으로 이용해 부동산에 투자하는 것을 보았기 때문이다. 그들은 충분한 자금이 있음에도 불구하고 부동산 매입 시 대출을 이용했는데 이유는 크게 2가지였다.

1. 자기자본 비중을 최대한 낮추어 수익률을 극대화한다.
2. 부동산 대출만큼 높은 한도, 장기 상환, 저금리가 가능한 대출 상품이 없다.

부동산 매입은 대부분 장기적 관점에서 이루어지기 때문에 수익률 대비 낮은 이자율은 자산 증식에서 큰 효과를 발휘한다. 나 역시 처음에는 대출에 큰 거부감을 갖고 있었다. 하지만 종잣돈 부족이라는 현실로 부동산 투자 시 대출로 눈을 돌릴 수밖에 없었다. 처음에는 어쩔 수 없이 대출을 이용했지만, 내가 목표했던 것들을 이룬 지금 돌이켜 생각해보면 부동산 투자에 있어 대출은 전쟁터에서 '총'만큼이나 없어선 안 될 중요한 무기였다.

'대출'을 단순한 빚이 아닌 투자를 위한 레버리지로 생각을 전환한 후에는 원리금 상환이 가능한 범위 내에서 모든 대출을 확인하여 총예산을 확보했다. 이를 바탕으로 부동산 공부를 통해 분석 및 임장 후 확신이 드

는 지역에 매입을 적극 추진했고, 이런 과정들을 몇 번 거치며 내 목표에
한발씩 다가갈 수 있었다.

[꾸준하라]
나아가되, 지치지 않게

부동산 투자는 마라톤과 같다. 그래서 목표지점까지 지치지 않고 자신만의 페이스를 유지하며 꾸준히 나아가는 것이 가장 중요하다. 부동산 투자에서 성공을 마라톤 완주에 비유해보자. 골인 지점(내 목표)이 어디에 있는지 명확히 알아야 한다. 10km지점인지, 20km지점인지, 목표에 다다른 지점인지. 물론 최종 목적지는 42.195km겠지만, 지금의 조건 및 상태 등에 따라 한 번에 갈 수 없다면 단계적으로 도달하면 된다.

먼저 내 체력 상태(자산)를 정확히 판단하자. 현재 내가 가진 순자산, 최대 활용가능한 대출금액, 투자 후 대출 상환을 위해 필요한 현금 흐름까지 철저히 분석해 '가용 자금'을 명확히 알고 있어야 한다.

여기서 잠깐! '나는 지금 당장 작은 집 하나 살 만큼의 돈도 없으니, 부동산 투자는 절대 할 수 없다'는 생각은 버려야 한다. 부동산 투자에서 꼭 매입하는 것만이 투자가 아니다. 매입을 하기 위해 준비하는 그 모든 과정이 부동산 투자임을 명심하자. 그렇다면 무엇을 어떻게 준비해야 할까?

1. 절약

내 자산의 기초체력을 키우는 가장 빠르고 확실한 방법은 바로 '절약'이다. 절약은 종잣돈을 모으는 가장 기본적인 방법이다. 처음부터 충분한 종잣돈을 가지고 시작하는 경우는 거의 없다. 나 역시 결혼 후 아내와 매달 최소한의 생활비를 제외한 나머지 소득을 모두 저축해 종잣돈을 만들기 시작했다. 처음에는 얼마 안 되는 금액 같아 보였지만, 이렇게 1년 정도 아끼고 모으니 적지 않은 돈을 만들 수 있었다. 물론 아끼느라 고생했지만, 이때 이룬 성취감과 자신감이 나의 마라톤 완주에 큰 힘이 되어주었다.

'절약'이 익숙해지면, 향후 대출 이용 시 이자 상환에 대한 심리적 압박을 극복할 수 있다. 대출로 인한 원리금 상환이 기존 저축한 금액 범위 안에서 이루어진다면, 월 현금 흐름에 큰 무리가 없기 때문에 곧 투자금의 증대로 이어진다. 부동산 투자에서 대출은 바늘과 실 같은 관계인 것이다.

만약 맞벌이로 부족함 없이 매달 300만 원 정도를 쓰면서 살다가 내집 마련을 한다고 큰 금액의 대출을 받아 원리금을 매달 150만 원씩 추가로 상환하게 되면 생활수준 자체가 급격히 떨어진다. 소비도 관성이 있기 때문에 갑자기 예산이 줄어들면 경우에 따라 견디기 힘들 정도로 고통스러울 수 있다.

실제로 많은 상담을 통해 '현재 내(또는 가족) 삶의 수준 저하'에 대한 두려움이 대출을 꺼리게 하는 큰 요인임을 확인할 수 있었다. 하지만 대출 전부터 꾸준히 절약하여 미리 월 지출액 자체를 최소화하면 향후 원리금 상환 시 겪을 고통 자체가 줄어들게 된다. '몸에 체득된 절약'으로 인해 월 저축액 자체가 대출 상환액으로 바뀌는 것뿐이기 때문이다. 부동산 투자의 시작은 '절약'이다. 로드맵을 그리고 절약을 통해 종잣돈 축적 및 대출 상환 체력을 차근차근 키운다면 투자 시 큰 결실로 나타날 것이다.

2. 부동산 공부

현재 나(강남흙수저)와 부동삶, 자수성부가 함께 운영 중인 〈강.부.자 부동산 스터디〉 네이버 카페에서 회원님들과 상담을 할 때마다 가장 많이 듣는 질문이 '어디를 사야 하는가?'와 '언제 사야 하는가?'이다. 최선을 다해 의견을 말씀드리고 있지만, 신이 아닌 이상 그 누구도 장담하기는 어렵다. 설령 내가 지역 조언을 하더라도 이 말만 듣고 전 재산에 대출까지 끌어다 부동산 투자를 한다는 것은 어불성설이다. 그래서 항상 먼저 공부하고 자신만의 기준을 세운 뒤 투자를 진행하라고 당부드린다.

부동산 공부가 중요한 이유는 투자를 할 때 '자기확신'이 필요하기 때문이다. 특히 내가 살 집은 가족의 안식처이자, 자산 포트폴리오 중 가장 높은 비중을 차지한다. 또한 부동산은 세금 등 많은 매몰비용이 발생하므로 장기적 관점에서 접근해야 한다. 만일 자기 확신 없이 부동산 투자를 한다면, 가격이 요동칠 때마다 의심이나 불안감 없이 적지 않은 대출 이자를 부담해가며 계속 보유할 수 있을까? 그건 불가능에 가까운 일일 것이다. 그래서 부동산 투자에 앞서 '치열한 공부와 현장 답사'를 통해 자신만의 기준을 세우는 것이 중요하다.

그렇다면 부동산 공부는 어떻게 해야 할까? 비싼 부동산 강좌를 찾아다니거나 공인중개사 자격증을 공부하면 될까? 물론 도움이 되긴 하겠지만 근본적인 방법이라 보긴 힘들다. 부동산 공부의 가장 기본은 '시장의 흐름을 읽는 능력을 키우는 것'인데 이를 가장 쉽고 효과적으로 하는 방법이 매일 지면으로 경제신문을 읽는 것이다. 물론 요즘에는 인터넷을 통해 기사를 볼 수 있지만, 검색으로 접근하면 개인의 선호와 취향에 따른 정보만 취사선택하게 될 가능성이 높다. 반면 지면으로 경제신문을 처음부터 끝까지 읽으면 '경제'를 주축으로 정치, 사회 등 각 분야와 연결 지어 큰 흐름을 잡아갈 수 있다.

나 역시 군대 시절에 간부들이 읽고 놓아둔 경제신문을 읽기 시작했고, 이 습관이 현재까지도 이어져, 경제의 큰 흐름과 부동산 투자를 연결하고 통찰하는 방식으로 활용하고 있다. 경제신문을 처음 읽으면, 일부 이해가 가지 않을 수 있지만 매일 편식하지 않고 꾸준히 읽다보면 어느 순간 큰 흐름이 조금씩 보이기 시작할 것이다. 이런 습관이 쌓이다 보면 점차 자기 기준을 수립하는데 큰 도움이 된다.

어느 정도 시장의 흐름을 읽는 눈이 생기면 '부동산'이란 것을 조금 더 세부적으로 들여다봐야 하는데, 가장 기본이 되는 것이 바로 '국토종합계획'과 '도시기본계획'이다. 이 계획들은 통상 10년 단위의 계획을 바탕으로 추진되며, 서울에도 '2030서울도시기본계획'이 있다.

어떤 계획을 바탕으로 부동산 개발이 진행될지 살펴보고, 도심과 부도심, 인근 직주근접, 역세권 대단지를 중심으로 투자 로드맵을 그려보자. 끊임없이 현장답사를 다니며 여러 지역 중개사분들과 대화를 나누다보면 부동산을 보는 시야가 분명 넓어질 것이다. 하지만 이 또한 절대 한순간에 이루어지지 않으며, 시간과 노력을 꾸준히 투입할 때 조금씩 부동산을 보는 안목이 길러진다.

실패하지 않는 부동산 투자의 첫걸음인 '절약'과 '부동산 공부'를 이 책의 마지막 페이지를 덮은 후 시작한다면 '성공적인 부동산 투자'라는 마라톤의 스타트라인을 끊은 것이다.

04

[파악하라 I]
정책, 부동산 시장의 운영규칙

부동산 시장에 가장 큰 영향력을 미치는 요소는 바로 정책이다. 물론 '정책은 시장을 이길 수 없다'라는 말이 있고, 나 역시 장기적으로는 이 말에 동의한다. 정부가 세금, 금융(주로 대출), 공급 등 다방면의 정책을 통해 시장에 영향을 줄 수 있음은 부인할 수 없다. 그렇기에 부동산 투자에서 정부의 정책은 주요한 변수이며, 현 시점과 나아가 향후 예상되는 방향을 잘 이해해야 한다.

2016년 전후로 서울 및 수도권 주요 부동산의 가격은 높은 상승률을 보였다. 시장은 부동산 안정화라는 정책의 방향과 다르게 움직이고 있다.

최근 발표된 부동산 대책들에는 2017년 8·2대책, 2018년 9·13대책, 2019년 10·1대책, 12·16대책, 2020년 6·17대책, 7·10대책, 8·4대책 등이 있다. 서울 및 수도권 안정화에 초점을 맞춘 정책을 보면 그 방향성을 읽을 수 있다.

간략히 살펴보면 2017년 8·2대책의 경우, 상승률이 강한 지역을 '조정지역/투기과열지구/투기지역'으로 등급화해 상승률이 높을수록 더 강한 규제를 적용했다. 각 등급별 주요 규제를 살펴보면 먼저 조정지역으로 지정된 곳은 기본적으로 청약요건 강화, 가점제, 분양권 전매제한이 적용되었고, 다주택자의 경우 양도세 중과와 장기보유 특별공제 축소, 담보대출 규제 강화 등이 적용되었다. 투기과열지구는 여기에 더해 재개발·재건축 전매제한과 자금조달계획서를 작성하게 하였고, 투기지역에는 담보대출 건수, 만기연장 및 사업자 대출 제한이 적용되었다.

부동산 규제 정책의 시발점인 8·2대책을 통해 서울 부동산의 거래절벽이 만들어지며 조정장을 연출하는 듯했으나, 2017년 말부터 서울 및 수도권 핵심지역이 규제로 인해 매물이 점차 줄어들자 대기 수요자들은 조바심에 경쟁적으로 매물들을 매입, 이로 인해 부동산은 다시 서울을 중심으로 상승하게 되었고, 과열이 확산되자 9·13대책이 추가로 발표되었다.

8·2대책의 주요내용이 양도세 중과라면 9·13대책의 핵심은 부동산 세금규제였다. 우선 보유세 결정의 기준이 되는 공시가격의 상승, 공정시장가액비율의 단계적 인상, 그리고 다주택 보유 시 세율 인상이 포함되었다. 또한 이전 대책에서 다뤘던 양도세 역시 조정지역 내 일시적 2주택 요건을 강화하며 또 한 번 보완하였다.

세금 강화와 더불어 규제지역의 경우 다주택자 담보대출 LTV 0%, 임대사업자대출과 전세자금대출 공적보증 요건 강화 등의 방법으로 점점 더 대출을 어렵게 만들었다. 이렇게 8·2대책에서 9·13대책으로 서울 및 수도권 조정지역의 규제를 이어가는 한편, 3기 신도시와 수도권 중소규모 택지를 활용한 30만 가구 공급 대책을 발표해 주택가격 안정화를 시도했다.

9·13대책 역시 8·2대책 때와 마찬가지로 발표된 이후 시장의 가격조정을 불러오며 집값 안정화에 성공하는 듯 보였으나, 얼마 지나지 않아 3기 신도시의 실제 입주 기간을 예측하기 어렵고, 서울 핵심지역은 재개발·재건축 규제 등으로 신규 물량 자체가 더욱 줄어들 것이라는 분위기가 형성되면서 2019년 하반기에 다시 한 번 과열의 움직임을 보였다.

이후 강력한 가격제재 수단이었던 분양가 상한제가 포함된 10·1대책을 발표하였으나, 대책 이후 집값이 상승되던 학습효과 등이 겹치며 시장은 눌림목도 없이 상승했다.

결국 10·1대책 발표 2개월 만에 12·16대책을 추가로 발표했다. 15억 이상 고가주택 대출 LTV 0%, 규제 지역 내 분양가 상한제, 보유세 확대의 내용이 담겨 있었다. 2020년 2·20대책과 6·17대책을 통해서 조정대상지역 9억 초과 아파트에 대해서 LTV 30% 적용, 규제 지역 내 담보대출 시 6개월 내 전입, 자금조달계획서 및 객관적 증빙제출이 추가되었다. 특히 전세자금대출 차주의 3억 초과 주택구입은 투기적 수요로 판단, 대출 회수라는 굵직한 규제가 포함되었다. 추가로 이런 강력한 규제책에도 또다시 상승한다면 더욱 강화된 대책을 내놓겠다고 시장에 예고했으며 실제 집값이 안정화되지 않자, 7·10대책을 발표하여 다주택자 세금규제를 더욱 강화하고 8·4대책을 통해 수도권 공급확대 방안을 발표했다.

최근 3년에 걸쳐 다양한 정책이 발표되었다. 부동산 매입 시 최대 자금 조달 루트였던 대출은 어려워졌으며, 강력한 세금 규제는 보유세, 거래세 등 부가 비용을 더욱 가중시켰다. 이러한 정책적 규제는 더욱 강해질 수 있어, 향후 부동산 투자전략을 세울 때 정책적 요소를 확실히 파악하고 진행 방향을 잡는 것이 필요하다.

[파악하라 II]
상승 요인과 하락 요인

부동산 투자를 할 때 근본적으로 생각해봐야 할 부분이 있다.

'왜 계속 오를까? 언제 떨어질까?'

부동산 투자에 조금이라도 관심이 있다면 누구나 고민하는 부분일 것이다. 나 또한 이런 질문들에 정확히 답을 내릴 수도 없고, 100% 맞출 자신은 더욱 없다. 부동산 가격은 단순히 몇 가지 요인으로 결정되는 것이 아닌 수많은 요인들이 복합적으로 작용해 형성되기 때문이다.

하지만 상승 요인과 하락 요인을 명확히 파악하고 지속적으로 살피며 대응해나가면 최고의 수익률은 아니더라도 손실 확률을 줄이는 투자는 가능하다. 그렇다면 상승 요인과 하락 요인은 무엇일까?

상승 요인

1. 유동성

최근 몇 년간 수도권 핵심 부동산 상승과 가장 연관성이 높은 요인이다. 오늘날 우리는 계속되는 저성장으로 본격적인 저금리 시대를 맞이하게 되었다. 예전처럼 은행에 예적금을 해도 지금의 1%대 금리로는 물가 상승률을 따라가지 못한다. 그래서 자금 규모가 큰 부자일수록 저금리 시대 투자에 대한 갈망은 더욱 클 수밖에 없다.

기업의 성장성이 높으면 주식이나 펀드 등으로 자금이 몰릴 수도 있겠지만, 최근 국내 주식 상황을 살펴보면 유동성의 급격한 증가로 단기급등했지만 기업 실적 등이 뒷받침되지 않았고 코로나 사태 확산으로 인해 실물 경기 회복은 여전히 불투명한 상황이다.

대안 투자로 파생결합증권인 DLS나, 헤지펀드 형태의 사모펀드가 최근 자산가들 사이에서 유행하였으나, 최근 DLS 대규모 손실 사태와 사모펀드사의 지급정지 사태 등 악재가 연이어 터지며 유동자금이 이동할 대체 투자처가 점차 사라지고 있다. 이런 상황 속에서 역시나 예전부터 안전자산에 속했던 부동산으로 또다시 자금이 몰려들기 시작했다. 유동성 자금이 핵심 지역의 부동산으로 몰려들며 가격 상승이 발생하였고, 올해도 지속적 금리 하락과 코로나 사태로 인한 부정적인 경기 상황, 이로 인해 수차례 변경된 추경과 미리 예고된 3기 신도시의 토지 보상금까지 합쳐지면 시장의 유동성은 더욱 늘어날 전망이다.

2. 희소성

부동산이 갖는 가장 큰 특징 중 하나가 바로 '부동(不動)' 말 그대로 움직일 수 없다는 것이다. 움직일 수 없기에 좋은 입지(도심 접근성, 학군, 교통, 생활 인프라)의 희소성은 더욱 부각될 수밖에 없다. 강남이 그 대표적인 예다. 누구나 좋은 곳에 살기를 원한다. 그래서 그 좋은 곳에는 늘 엄청난 대기 수요와 이에 따른 강한 하방 경직성이 존재한다. 이 같은 현상으로 '강남불패'라는 말까지 생겨났다. 결국 누구나 살고 싶지만 아무나 살 수 없다는 희소성은 가장 기본적인 수요-공급이라는 시장원리에서 부동산 가격을 결정하는 주요 요인으로 작용한다.

3. 양극화 현상

'양극화가 왜 부동산 상승 요인이야? 하락 요인 아니야?'라고 생각하기 쉽다. 결론부터 말하면 둘 다 맞다. 안타깝게도 '양극화'라는 단어의 의미처럼 좋은 부동산에는 '상승 요인', 그 외의 부동산에는 '하락 요인'이 될 수 있다.

현재 부동산 시장은 수도권 vs. 지방, 수도권 내에서도 서울 vs. 경기, 서울 내에서도 강남 vs. 비강남으로 점점 더 세분화되어 양극화가 진행 중이다. 여기에 더해 분위별 소득 격차도 점차 커지고 있으며, 특히 전문직이나 고연봉 근로자 등 대표적 5분위(상위 20%) 계층은 상위 주거지를 통해 자신을 차별화하려는 경향 역시 커지고 있다. 점차 수도권, 그중에서도 서울 핵심지역을 중심으로 부의 집중이 심화되어 가고 있으며, 이런 상황이다 보니 지방 자산가들까지 지방 부동산을 정리한 후 서울 핵심지역의 부동산을 매입해 양극화 현상은 더욱 가속화되고 있다. 이런 양극화 현상은 앞으로 우리나라 경기가 악화될수록 안전자산 선호도가 높아지며 더욱 심화될 것으로 보인다.

하락 요인

1. 경기 악화

앞서 부동산 상승요인으로 경기가 악화되어감에 따라 상대적 안전자산인 부동산으로 자금이 집중되는 것을 언급했는데, 만일 경기 악화가 심화되어 금융위기 사태가 온다면 부동산 역시 안전할 수 없다. 2020년 초부터 코로나 사태로 인해 경기 지표들도 계속해서 하락 시그널을 보내고 있다. 최근 중소기업 대표나 자영업자 분들과 상담을 하면서 경기 악화를 크게 체감하게 되었다. 또한 대부분의 사업자들이 최근 몇 년간 상승한 비용과 소비 부진으로 큰 타격을 받고 있으며, 구조적으로 당장 인건비라도 줄이기 위해 인력 감축을 단행하려 했다. 이 같은 상황이 지속된다면 생산성은 떨어지고 악순환이 반복될 것이다.

대외 환경을 살펴봐도 작년 미중 무역 분쟁과 일본과의 갈등으로 많은 수출 기업들이 큰 타격을 받았다. 글로벌 경기 자체가 위축되고 있어 국내 기업들은 공격적인 전략보다는 유지 또는 방어하는 전략을 구사하고 있다. 이런 이유로 '대기업의 매출 감소 → 하청업체(중소기업)에 발주량 감소 → 단가 조정 요구' 등 아래로 내려갈수록 더욱 힘들어지고 있는 상황이다. 이런 경제 환경이 지속된다면, 특히나 수출 비중이 높은 한국에 큰 경제 위기가 올 수 있음도 염두에 두어야 한다.

2. 디플레이션

요즘 한창 'D의 공포'라 불리며 위기가 고조되고 있다. 디플레이션이란 물가가 상승하는 인플레이션과 대비되는 개념으로 경기 악화로 인해 소비가 감소하며 나타나는 저물가 현상을 말한다. 디플레이션이 무서운 이유는 물가가 떨어진다는 건 곧 실물자산의 가치 하락을 의미하기 때문이다. 부동산 또한 실물자산에 해당되므로 디플레이션이 지속되면 부동산 시장 역시 영향 받을 가능성이 높다. 특히 2019년 1분기부터 저물가를 유지하다 4분기에 이르러 물가지수가 마이너스로 떨어졌고, 2020년에는 코로나 사태까지 겹치며 상황이 더 안 좋아지고 있어 우리가 주목해야 하는 요인이다.

3. 정책의 파급 효과

정부는 여러 부동산 대책을 발표하며 부동산의 가격 안정화를 위해 고군분투하고 있다. 과열의 조짐이 보일 경우, 부동산 추가 규제를 예고하고 있어 부동산 시장의 변동성이 커지는 것은 하락 요인으로 작용될 수 있다. 이 밖에 대출, 청약, 세금 등 다양한 분야에서도 변화를 겪고 있다.

투자 시 생각했던 수익률과 시나리오가 언제든 바뀌는 상황에 처하게 된 것이다.

앞에서 언급한 부동산 투자에서의 상승(기회) 요인과 하락(리스크) 요인은 최근 대두되고 있는 요인들 중심으로 언급한 것이며, 실제로는 훨씬 더 많은 요인들을 살펴야 할 것이다. 목표한 지역에 도달하길 원한다면, 한 단계 한 단계 나아감에 있어 무엇이 기회이고 리스크인지 정확하게 분석하고 이를 바탕으로 전략을 세우길 바란다.

[따르고, 따라 하라]
멘토를 만들고, 부자를 벤치마킹하라

부동산 투자는 거의 전 재산이 걸린 투자인 만큼 신중하고 또 신중해야 한다. 그래서 투자 판단 시 가장 중요한 것은 더 많은 수익을 내는 것보다 손실을 최소화하는 것이다.

수많은 정보 중에서 선택과 집중을 해야할 때 가장 효과적인 방법은 멘토를 만드는 것이다. 여기서 멘토는 다양한 성공과 실패를 자양분 삼아 그 경험을 토대로 부동산 분야에서 자기만의 입지를 구축한 사람이다. 멘토에게 조언을 구할 수 있다면, 실수를 줄이고 그만큼 성공 확률을 높일 수 있다.

이 책의 본문 뒤에 추천 유튜브, 블로그, 도서 등을 자세하게 정리해놓 았으니 참고하길 바란다.

1. 멘토를 만나는 방법

그렇다면 멘토를 어디서 만나야 할까? 가장 손쉬운 방법은 '독서'다. 직접 만나 대화하고 조언 받을 수 있는 멘토가 있다면 가장 좋겠지만 현실적으로 쉽지 않다. 독서라는 방식은 일방향 소통이라는 단점이 있지만, 다양한 관점을 가진 여러 부동산 전문가들의 생각을 책이라는 창을 통해 계속해서 들여다보면 나만의 기준과 생각이 정리되고 판단력이 길러진다.

서점에 가면 땅, 상가, 오피스텔, 재개발, 아파트 갭투자 등 다양한 투자 방식으로 성공한 사람들의 책이 넘쳐난다. 그러나 '단편적인 성공스토리'보다는 '시장에 대한 흐름을 이야기하고 분석한 책'을 추천한다. 저자가 시장을 대하는 태도와 현상을 해석하는 관점을 중점적으로 보면서 나만의 기준을 세우는 것이 중요하다.

또 다른 방법은 다양한 온라인 채널을 활용하는 것이다. 요즘에는 블로그, 카페, 유튜브 등에서 전문가들의 칼럼이나 영상을 접할 수 있고, 기회가 닿으면 직접 조언을 받아볼 수도 있다.

나 역시 〈강.부.자 부동산 스터디〉 카페를 운영하며 3만 명 이상의 회원들과 소통하고, 정기적인 부동산 콘서트 형식으로 오프라인으로도 만나 멘토링하고 있다. 이렇듯 온라인을 잘 활용하면 예전보다 멘토를 만들고 직접 만나는 것이 훨씬 쉬워졌다.

물론 온라인 채널에서는 누구나 쉽게 '전문가' 행세를 할 수 있어 주의해야 한다는 의견도 있다. 그러나 한편으로는 단순 '학위'가 아닌 불특정 다수로부터 눈에 보이는 투자 결과물과 실전투자 경험을 토대로 한 2차

결과물(칼럼, 영상 등)로 인정받아야 한다는 점에서 과거보다 더 철저한 검증 절차를 거쳤다고도 볼 수 있다.

2. 부자들을 벤치마킹하라.

부자들이 부동산을 어떻게 바라보고 무슨 투자를 하는지 살필 수 있고 이를 벤치마킹할 수 있다면, 부자 되기가 조금은 더 수월해질 것이다. 나 역시 업무가 VIP 고객분들을 대상으로 자문을 해드리는 입장이나, 상담을 하면서 배운 점이 정말 많다. 그분들이 어떻게 부를 일궜는지, 그 과정에서 어떤 투자를 했는지에 대해 듣는 동안 나 역시 관점, 생각, 심지어 행동까지 바뀌었다.

직접 부자를 만나기 힘들다면 'KB경영 연구소'에서 매년 발간하는 〈한국의 부자〉 리포트를 참고하면 도움이 된다. 그리고 서점에 가면《한국의 부자들》같은 여러 부자들의 인터뷰를 담은 책들이 있는데, 이를 통해서도 그들의 방식과 통찰력을 엿볼 수 있다. 이런 직간접적인 경험을 통해 부자들을 적극 벤치마킹하고 이들의 방식을 내가 어떻게 적용할 수 있을지 연구하고 고민하는 시간을 가져보자.

앞서 언급했던 것처럼, 우리나라 부자들의 자산은 부동산을 기반으로 하고 있다. 확신이 서면 실행은 신속했고, 단기적 변동에 일희일비하기보단 장기 보유하며 포트폴리오상 부동산 비중을 계속 높여나간다. 나 또한 그들의 투자방식에 많은 영향을 받아 부동산에 있어 소액 단기 투자는 지양하고 있다. 물론 수십 채를 갭투자로 성공스토리를 쓰신 분들이 보면 내 투자 방식을 소극적이라 평할지도 모르겠다. 그러나 시장의 변화에 유연하게 대처하며 리스크를 최소화하면서도 그 안에서 최선의 수익을 내는 것이 나의 부동산 투자 원칙이고, 실수요자 관점의 투자기준은 앞으로도 변함없이 유지할 생각이다.

3. 주거래 금융기관 예치액이 일정 기준 이상이 되어 PB서비스를 받을 수 있다면 적극 활용하자.

금융기관에서 가장 심혈을 기울이는 고객층은 VIP로 불리는 자산가들이다. 대부분 금융기관의 PB서비스는 주로 단기 금융상품 판매에 치중되어 있지만, 부동산 상담사도 있다. 이를 잘 활용하면 부동산 전문가의 자문과 금융기관에 따라 물건 추천까지도 받을 수 있다. 특히 금융기관 자문서비스의 경우, 부동산 관련 세무 리스크까지 검토 받을 수 있기 때문에 지금과 같은 정책의 상황 속에서 리스크 관리 및 의사결정에 많은 도움이 된다.

부동산 투자에 성공하기 위해 필요한 것은 노력을 효율적으로 하는 것이다. 이를 위해 멘토를 정해 그들의 투자 방식, 철학, 기준 등을 배우고 응용하는 것이다. 그리고 투자 시 멘토나 금융기관 등 외부의 조력을 받을 수 있다면 이를 적극 활용하자. 실패할 확률은 낮추고 성공할 확률은 높여줄 것이다.

[다짐하라]
할 수 있다. 무조건 해낸다!

처음부터 원하는 곳으로 갈 수 있다면 좋겠지만, 자금이나 개별적 상황 때문에 한 번에 가기 힘든 경우도 있고, 계속 오르는 부동산 가격을 바라보다 결국은 이룰 수 없는 목표라며 좌절하는 경우도 많다. 또한 상승하는 부동산 시장을 보며 성급하게 남의 말만 듣고 신축 상가나 조합주택, 빌라 등에 잘못 투자하여 손실은 손실대로 나고, 환금성이 떨어져 다음 투자를 기약할 수 없는 경우도 있다.

시작에 앞서 성공을 위한 자기최면을 걸어야 한다.

'나는 할 수 있다!'

다만 현재 자금이 부족하다면 목표까지 가는 길이 조금 더 길고 힘들 것이다.

준비되지 않은 투자는 마라톤에서 오버페이스로 내달리는 것과 같다. 결국 골인 지점에 닿기도 전에 중도 포기하게 될 수도 있는 실패의 지름길임을 명심해야 한다.

나 또한 절약과 공부를 시작으로 실전 투자를 하기까지 힘들었지만 매 순간마다 성공할 것이라 다짐하며 위기를 극복할 수 있었다. 일단 한 번 작은 성공이라도 맛보게 되면, 그에 따른 자신감과 경험 역시 커지므로 다음 투자는 좀 더 수월하게 이끌어나갈 수 있다.

부동산은 심리 싸움이다. 회원들을 멘토링하며 지켜본 결과, 가장 심리적으로 많이 무너질 때가 급격한 상승이나 큰 조정장이 왔을 때였다. 최근 서울 부동산 시장은 상승과 정책으로 인한 조정을 반복해왔는데, 변곡점에서 심리적으로 무너지는 경우를 많이 본다. 이럴 때 멘토가 있다면 심리적 케어를 받을 수 있고, 부자들처럼 부동산을 장기적 관점에서 바라보고 투자한다면 심리적 압박감을 이겨낼 수 있다.

3장

똑똑한 선택은 디레일에 있다

기본을 알면
뜰 지역이 보인다

목표가 정해졌다면, 일관되게 지켜야 하는 기본적인 원칙이 있어야 한다. 실제로 나 역시 원칙에 근거한 투자 전략을 세우는데 많은 시간을 할애했다. 여기에서는 흙수저였던 내가 강남에 아파트 2채를 보유하고, 건물주가 되는데 결정적인 공을 세운 '투자 원칙의 기본'이 되는 것에 대해 이야기하려고 한다.

2030도시기본계획

(터무니없는 가정이긴 하지만) 어느 날 갑자기 현재 강남 소재의 수많은 회

사와 사업체들이 인천으로 소재지를 옮긴다고 가정해보자. 몇 년 후에도, 강남과 인천이 과연 지금과 같은 모습일까? 아마 두 도시 모두 꽤나 변모해 있을 것이다. 우리가 살고 있는 이 도시는 '유기체'다.

〈유기체(有機體)〉
① 많은 부분이 일정한 목적 아래 통일·조직되어 그 각 부분과 전체가 필연적 관계를 가지는 조직체
② 생물처럼 물질이 유기적으로 구성되어 생활 기능을 가지게 된 조직체

①번 관점에서도, ②번 관점에서도 도시는 불변의 '독립적 공간'이 아닌 그 안의 여러 구성원들과 끊임없이 상호관계를 맺으며 변하고 있는 '유기적 공간'이다.

도시 하나가 형성되기 위해서는 자본, 시간, 노동력 등 천문학적인 사회적 비용이 투입된다. 그래서 철저한 수지 분석을 바탕으로 계획을 수립하고 개발을 하게 된다. 일단 개발이 시작되면 방향성과 경로를 장기간 유지하게 된다. 이 과정에서 해당 지역과 그 주변에 많은 파급 효과(+또는-)를 미친다. 그래서 부동산 투자를 한다면 적어도 '정부가 내놓은 향후 10년간의 도시 계획'을 머릿속에 그리고 있어야 한다.

먼저 그간의 신도시 개발의 축을 보면 대부분의 계획이 강남권을 중심으로 진행되었다. 1기 신도시 분당, 2기 신도시 판교 및 광교가 타 지역에

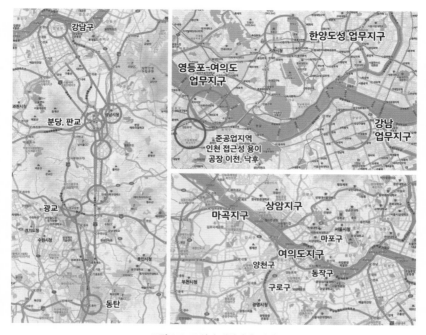

그림 3-1 3도심과 개발의 축 상세

비해 안정적 흐름을 보이는 이유도 그 권역의 든든한 배후지인 강남의 낙수 효과를 누렸기 때문이다. 서울의 동북권, 서북권, 서남권에 비해 전통 강자인 동남권의 강남은 직장, 학군, 문화, 교통, 인프라 등 어느 하나 빠질 것이 없기에 앞으로도 최고의 자리를 쉽게 내어줄 것 같지는 않다. 이런 이유로 '강남불패'라는 수식어에 걸맞게 아파트 가격 역시 가장 비싸다. 하지만 대부분은 강남에 자가든 투자든 입성하기에 충분한 여력이 없다. 당장 강남 입성이 힘들다면, 제2, 제3 혹은 조금이라도 비슷하게 될 지역을 찾아 갈아타며 강남 입성을 노려야 한다.

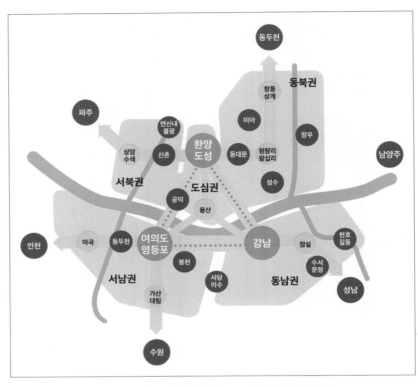

그림 3-2 3도심과 개발의 축(출처: 2030서울도시기본계획 참고)

이를 위해 1966년 서울도시기본계획에서의 강남이 그러했듯, 2030서울도시계획을 기본으로 공부하고 분석해서 더욱 발전될 곳을 예상할 수 있어야 한다.

2030서울도시기본계획을 보면 도시공간정비, 산업, 일자리, 주거지, 교통, 공원 녹지 등 다양한 카테고리별 계획에 중심지, 용도지역, 경관관리, 생활서비스 시설이라는 공간 계획이 포함되어 있다. 그렇기 때문에 부동

공간구조의 중심축	세부 내용
한양도성 도심 주요 발전축	한양도성, 용산, 동대문 지역의 상호보완체계를 구축하여 중심기능을 강화
국제·금융축	한양도성, 마포(공덕),영등포(여의도)의 지역연계 역세권 중심의 비즈니스 거점 형성
국제·업무·관광축	한양도성, 강남 간 연계 / 교통을 활용한 비즈니스 육성 관광거점 조성을 통한 국제·업무·관광축 구축
생활문화축	상암(수색), 신촌, 마포(공덕), 용산, 청량리, 왕십리 연계 한양도성, 연신내, 불광 지역 연계 중심지 간 생활기반 확충 및 공공 공간 재편

표 3-1 공간구조의 개발계획(출처: 서울시 생활권계획)

산 투자 기준을 세울 때 가장 기본적으로 참고해야 하는 자료인 것이다. 조류에 대한 이해 없이 계획된 항로는 잘못된 목적지로 안내하거나, 목적지까지 도달하는 과정에서 크고 작은 손실을 수반할 것임이 분명하기 때문이다.

실제로 최근 서울 부동산 가격 추이를 살펴보면 강남뿐 아니라 3도심 직주근접에 위치한 대단지 아파트의 가파른 상승세를 확인할 수 있다.

강남 – 반포자이, 래미안퍼스티지, 래미안대치팰리스
광화문(을지로) – 마포래미안푸르지오, 경희궁 자이
여의도 – 당산삼성래미안, 여의도 삼부, 여의도 시범

도심지역 발전에 따른 자본의 낙수 효과와 최근 트렌드인 워라벨의 영

반포자이 / 2009년 3월 / 3410세대

20평대 매매가   30평대 매매가

마포래미안푸르지오 / 2014년 9월 / 3885세대

20평대 매매가   30평대 매매가

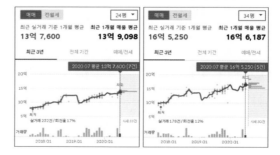

당산삼성래미안 / 2003년 12월 / 1391세대

30평대 매매가   40평대 매매가

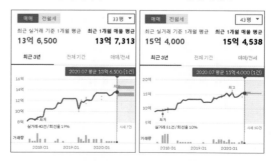

그림 3-3 아파트 시세 비교 사례, 2020년 7월 기준(출처: 호갱노노)

향(직주근접)으로 이 지역의 부동산 가격 상승이 계속되고 있다. 이러한 이유로 지역별 양극화는 더욱 가속화될 것이다.

부동산 투자 전 반드시 도시계획을 분석해보자. 나 역시 도시계획을 토대로 고급 일자리가 밀집된 지역 인근의 신축 대장단지나 이에 낙수 효과를 볼 수 있는 단지들을 선별했다. 절대적 기준이라고 할 수는 없지만, 도시계획에는 향후 변모할 지역들에 대한 큰 그림이 그려져 있기 때문이다.

지하철 노선도

대한민국 면적의 약 12%(11,851km^2)밖에 안 되는 수도권(서울·경기·인천)에 우리나라 전체 인구의 약 50%(2580만 명)가 살고 있다. 일본의 도쿄, 중국의 상하이, 인도네시아의 자카르타, 인도의 델리에 이어 세계 5위의 메트로폴리탄*이다. 이곳은 단순히 인구뿐만 아니라 우리나라의 정치·경제·사회·문화 중심지이다. 지역생산액의 48%, 제조업과 서비스업 종사자가 각 47%, 56%로 수도권에 집중해 있으며, 대학의 39%, 의료기관의 50%, 예금액의 68%, 공공기관의 85%가 수도권에 있다. 그리고 이러한 수도권 집적 현상은 앞으로도 지속될 것으로 보인다.

---

* 어떤 대도시가 중·소도시와 그 밖의 지역에 지배적인 영향을 주어 통합의 중심을 이루었을 때, 그 대도시와 주변 지역 전체를 이르는 말.

투자의 결정요인은 공급과 수요, 그중에서도 단연 수요가 더 중요하다. 그렇기에 우리는 거주 수요의 50%가 집중된, 그리고 앞으로 더 몰릴 가능성이 높은 수도권에 주목할 수밖에 없다. 수도권 형성의 기본축인 서울을 중심으로 나만의 수도권 유망 지도를 그려보자. 서울 접근성에 따라 같은 수도권이어도 입지 등급이 나뉜다. [그림 3-4]를 보면 수도권의 경계와 주요 지역별 서울 접근성을 확인할 수 있다.

예를 들어 광명, 이천, 오산을 비교해 보자. 서울까지의 교통 접근성을 보면 거리가 3배 정도 차이가 난다. 같은 경기도지만, 접근성의 차이로 체감되는 수도권의 범위는 더욱 축소되고 있고, 이에 따라 중심지로 갈수록 높은 인구 밀집 현상이 나타나게 된다.

이를 더욱 가속화시키는 것이 바로 지하철의 개발이다. 서울을 중심으로 한 수도권의 개발, 단순 도로의 개발만으로는 단기간 집중된 인구의 효율적 분산에 한계가 있어 대안으로 나온 것이 바로 지하철이었다. 접근성 좋은 교통 인프라를 통해 집중된 인구를 업무·상업·주거·공업·문화지구에 효율적으로 분산시킴으로써 지리적 이점은 극대화, 사회적 비용은 최소화시킬 수 있는 것이다.

그래서 수도권의 지하철은 서울 지하철(1호선~9호선) 포함, 경춘선, 경강선, 분당선, 신분당선, 공항철도 등 다양한 노선으로 굉장히 촘촘하게 구성되어 있는 편이다. 특히 1호선은 200km, 98개 역이 있어 규모면에서는 압도적인 1위 노선이다. 1호선은 서울의 중심부 시청·종로를 관통하기도 하면서 서울, 인천, 경기, 충남까지를 잇는 최장의 단일 노선이기도

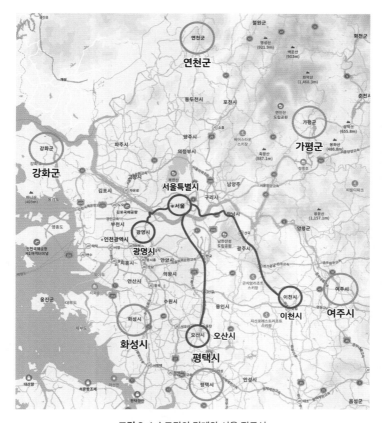

그림 3-4 수도권의 경계와 서울 접근성

하다. 그러나 이 같은 대규모 노선임에도 불구하고 부동산 시장에서 1호선에 대한 대우는 2, 3, 5, 9호선보다 못한 것이 사실이다. 이유가 무엇일까? 그건 이 노선들이 서울의 도심을 가로지르는 이용 효율이 훨씬 높기 때문이다.

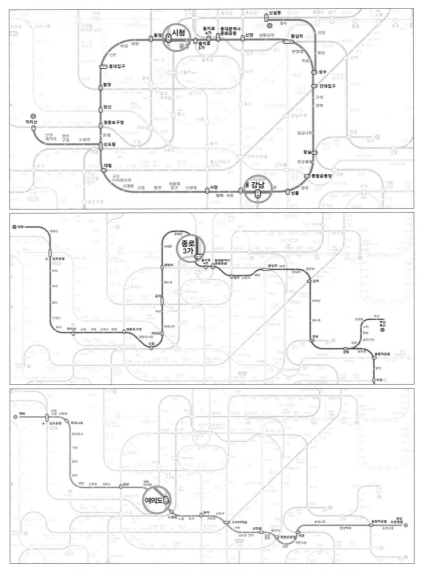

그림 3-5 서울지하철 2,5,9호선과 도심지역(출처: 네이버 지하철노선도 정보)

호선	승하차 인원수	순위	역명	승하차 인원수
2호선	1,034,049,974	1	강남	67,431,917
7호선	475,496,564	2	잠실	56,713,511
5호선	405,449,195	3	홍대입구	55,754,372
4호선	387,836,401	4	신림	46,452,188
3호선	381,414,729	5	구로디지털단지	42,046,706
6호선	236,917,175	6	고속터미널	40,321,257
1호선	183,634,353	7	삼성	40,054,514
8호선	128,005,575	8	신도림	39,337,898
9호선	32,667,738	9	서울역	37,252,820
계	3,265,471,704	10	서울대입구	35,137,011
		계		460,502,194

표 3-2 승하차 인원(출처: 서울메트로 2019년 승차인원 현황)

[표 3-2]를 보자. (2019년 기준) 승하차 인원수가 많은 역 1~5위까지가 모두 2호선(강남, 잠실, 홍대, 신림, 구로디지털)으로, 각 지역의 특성을 보면 핵심업무지구(또는 그 배후지) 또는 문화 중심지임을 알 수 있다.

수도권의 지하철역은 사람을 불러 모은다. 지하철 대비 버스나 승용차를 이용했을 때의 피로도가 체감적으로 크기 때문이다. 앞서 언급한 바와 같이 전체 면적의 10%에 인구의 50%가 집중되어 있다 보니, 이동 피로도가 훨씬 높을 수밖에 없는 것이다. 이 같은 이유로 수도권의 역세권에는 사람들이 모이고 업무, 상업, 주거가 활성화되면서 가치가 상승한다. 이는 지하철의 사업상황*을 보면 더욱 쉽게 이해할 수 있다.

지하철역 신설 시에는 구상과 계획 단계에서 예비타당성조사를 한다. 이 조사는 어떤 지역에 지하철역을 만들었을 때 교통체증과 같은 사회적 비용이 얼마나 절감되는지, 해당 사업으로 인해 기대 효과가 얼마나 있을지 검

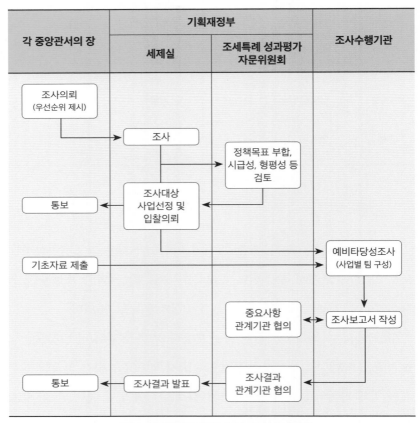

그림 3-6 지하철 사업 절차도(출처: 한국개발연구원)

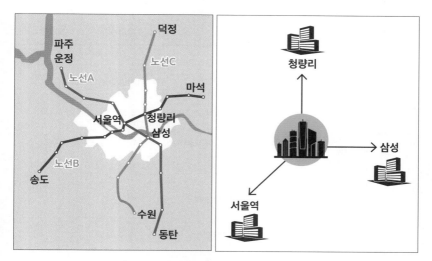

그림 3-7 GTX 노선도와 개발의 축(출처: 연합뉴스 참고)

토하는 것이다. 대표적인 것이 바로 GTX[**]와 신안산선[::]의 개발이다.

[그림 3-7]을 보면 서울역, 삼성역, 청량리역이 GTX 노선의 3대 축으로 확실히 호재가 예상됨을 확인할 수 있다. 국지적 개발을 점에 비유하면, 시너지로 인해 그 점이 모여 선과 면으로 변화될 수 있다. 만약 개발이 선이나 면으로 확장되지 못하고, 점으로만 머물러 있다면 그 지역은

---

* 구상, 계획, 설계, 시공, 개통의 5단계로 구성
** GTX-A: 동남권-서남권의 연결, GTX-B: 서남권-동북권의 연결, GTX-C: 동북권-서남권의 연결
:: 안산시, 시흥시, 광명시, 가산디지털단지, 구로디지털단지, 영등포, 여의도를 잇는 노선으로 경기도 서남권의 교통 효율성 개선하는 광역철도노선

노선명	유형	구간	소유자	운영자
1호선 (경원선)	노선 연장 (4)	동두천 소요산역-초성리역 -전곡역-연천역	대한민국 정부	한국 철도공사
4호선 (진접선)	노선 연장	당고개역-진접광릉숲역(가칭)		서울 교통공사
5호선 (하남선)	노선 연장	상일동역-미사역-하남풍산역	서울특별시	서울 교통공사
		-하남시청역-하남검단산역		
6호선	노선 연장	봉화산역- 신내역		
7호선	노선 연장	부평구청역-산곡역-석남역	인천광역시	인천교통공사, 서울교통공사
8호선 (별내선)	노선 연장	암사역 - 구리역 - 별내역	대한민국 정부	서울교통공사
신림선	노선 신설	샛강역- 서울대	서울특별시	남서울경전철 주식회사
동북선	노선 신설	왕십리역 - 상계역		
수도권 전철 경의-중앙선 (경의선)	노선 연장	문산역 - 임진강역	대한민국 정부	한국 철도공사
수인선	노선 연장	수원역 - 한대앞역		
서해선	노선 연장	소아역 - 대곡역		
		신안산선 등의 계획과 연계되어 추진되고 있다.		
신분당선	노선 연장	강남역 - 용산역		새서울철도
신안산선	노선 신설	서울역 - 송산역&한양대에리카캠퍼스역	서울특별시, 경기도	서울 교통공사

표 3-3 예비타당성 통과를 통해 착공 및 연장이 확정된 노선(출처: 나무위키)

빈 수레처럼 내실 없이 요란하기만 할 수 있다. 그래서 '역이 개통되면 호재다'라는 것은 반은 맞고 반은 틀린 개념이다.

대다수 사람들이 부동산 투자 시 단순히 역세권에 열광하며 맹목적인 투자를 하지만, 최소한 그러한 투자 판단을 내리는 데에는 해당 역을 이용함으로써 여러 방면의 기회비용을 절감할 수 있다는 전제가 깔려 있어야 한다. 실제 활용도가 높은 노선은 인기가 많고 자연스레 집값이 상승세를 그리게 된다. 그리고 그 관성의 법칙은 쉽게 깨지지 않는다.

2호선의 승하차 인원은 다른 호선에 비해 압도적으로 많다. 그중에서 강남역과 잠실역은 1, 2위를 다투고 있다. 이 지역에 사람들의 동선이 중복되고 머무르는 이유는 무엇일까? 다음에 이어질 직주근접과 학군을 고려하여 지하철 노선을 선택하기 때문이다.

직주근접

부동산의 가격 흐름은 결국 시장 수요자와 공급자의 상황에 따라 변한다. 대다수의 사람들은 사업이나 근로가 소득의 원천이기 때문에 가급적 직장 근처에서 보금자리를 마련하려는 경향이 있다. 예전과 다르게 상당수의 가정들이 맞벌이로 생활하고 있고, 결혼 적령기에 접어든 사람들은 배우자가 비슷한 소득을 벌기를 원한다.

그래서 '퇴근 후 부부가 최대한 빨리 아이를 돌볼 수 있는 곳', '부부가 함께 육아를 병행해야 하기에 출퇴근의 피로도를 최소화할 수 있는 곳' 즉 직주근접을 선호할 수밖에 없게 되었다.

서울을 보면 고소득 직장의 대부분이 3도심에 밀집되어 있고, 이에 따라 3도심 기준 직주근접이 편리한 주거지가 점차 더 큰 경쟁력을 갖게 되었다.

직주근접의 연장선상에서 보면 경기도가 서울 핵심 주거지 대비 한계가 있는 건 물리적으로 3도심으로의 접근성이 떨어지기 때문이다. 그러나 경기도 내에서도 성남시, 판교, 광교, 과천, 광명 등의 지역은 도심 접근성이 좋아 서울 변두리보다 오히려 더욱 가파른 상승률을 보이고 있으며, 직주근접에 따른 입지별 가격차는 더욱 심화되고 있다. 앞으로도 우수한 일자리가 몰려 있고, 그 수요가 많은 직주근접 지역이 높은 가격 경쟁력을 가져갈 것임은 분명해 보인다.

2010			2015		
순위	시군구명	비율	순위	시군구명	비율
1	경기도 광명시	42.8	1	경기도 과천시	38.9
2	경기도 과천시	40.7	2	경기도 광명시	38.8
3	경기도 하남시	36.2	3	경기도 하남시	35.8
4	경기도 구리시	34.8	4	경기도 구리시	35.5
5	경기도 남양주시	31.0	5	경기도 남양주시	30.0
6	경기도 고양시	29.5	6	경기도 고양시	29.7
7	경기도 성남시	28.3	7	경기도 의정부시	29.2
8	경기도 의정부시	27.9	8	경기도 성남시	25.9
9	경기도 부천시	25.5	9	경기도 부천시	24.5
10	경기도 안양시	23.6	10	경기도 김포시	23.6

표 3-4 서울로 통근 및 통학하는 상위 시군구(출처: 2015 인구주택총조사)

강남 중심 접근지 범위

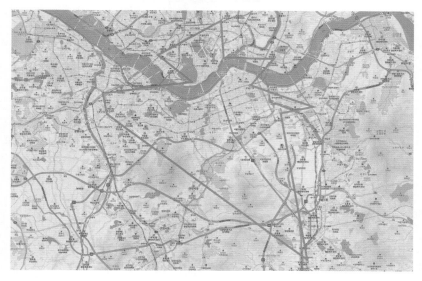

광화문 및 을지로 중심 접근지 범위

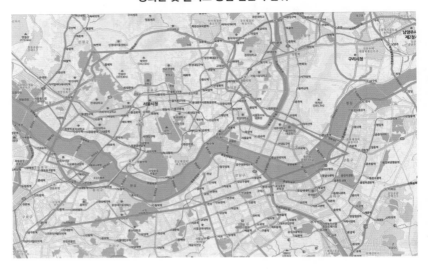

여의도 중심 접근지 범위

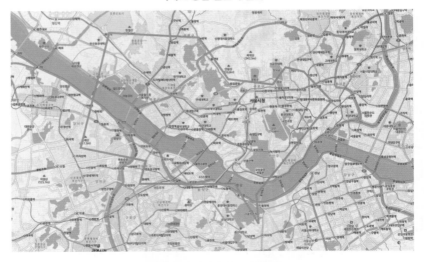

그림 3-8 중심지별 직주근접 범위

학군

학생들이 1주일 평균 50시간을 공부하는 나라(OECD 국가 중 1위로 OECD 평균은 34시간), 국제 학업성취도 상위권 자리를 놓치지 않는 나라, 대한민국의 교육열은 단연 세계 최고다. 그리고 이 교육열은 50년대생~00년대생까지 세대를 거듭해오며 점점 과열되고 있다. 그래서 대한민국 모든 부모들은 맹모(孟母)가 된 듯, 자녀들에게 조금이라도 더 좋은 교육을 제공해줄 수 있는 곳에서 터를 잡기 원한다.

그래서 자녀가 초등학교 입학을 앞두고 있는 부모라면 좋은 친구들과 사귀고, 외부 위험으로부터 노출되는 것을 최소화하기 위해 우량 학군의 초품아(초등학교를 품은 아파트, 큰길을 건너지 않고 아파트 단지 내에서 초등학교 통학 가능)를 선호하게 된다.

자녀가 중학교, 고등학교의 시기에 있다면, 학군의 개념이 학교 자체나 등교 동선뿐만 아니라, 학원 접근성(학업 인프라)까지 확대된다. 따라서 학군 지역을 살펴볼 때는 이 점을 유념해야 한다. 전국의 수많은 부모들은 좋은 학군을 원하기 때문에 지역별 우수한 학원가를 품고 있는 단지들이 투자면에서 매력도가 높은 것이다.

그렇다면 학군지 분석은 어떻게 해야 할까? 서울의 한 지역을 예로 들어보자. 우장산 힐스테이트를 매매하려고 할 때 가곡초와 내발산초 중 어느 학교에 배정되는지 헷갈릴 수 있다. 지도상으로는 가곡초가 가깝지만 큰길 건너에 있기 때문에 내발산초에 배정 받는다고 생각할 수도 있다.

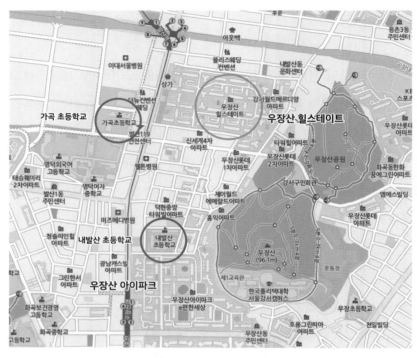

그림 3-9 아파트별 배정학교 예시

아파트별 입학 학교에 대한 정보는 '학구도안내서비스'를 통해 확인할 수 있다. 학구도안내서비스 검색창에서 '우장산 힐스테이트'라 적고 검색 버튼을 누르면 주소(도로명 및 지번)와 함께 초·중·고등학교 돋보기가 나온다. 해당 돋보기를 클릭하면 학군 영역을 지도에서 확인할 수 있다. 이 아파트의 경우에는 가곡초로 배정 받는다.

학군이 아파트 가격에 얼마나 큰 영향을 미치는가를 잘 보여주는 사례가 있다. [그림 3-10]을 보자. 입지로 본다면 미아사거리역과 길음역에

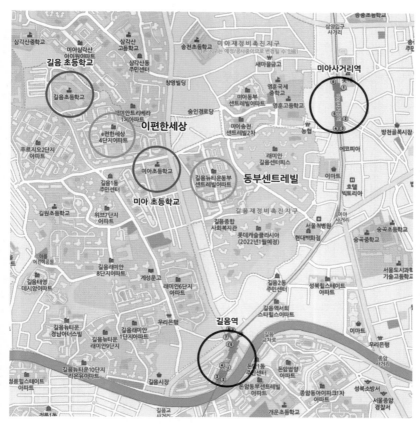

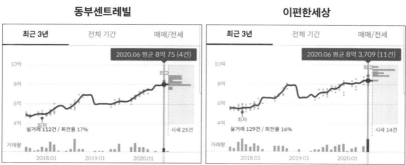

그림 3-10 아파트 가격과 학군(출처: 호갱노노)

인접한 동부센트레빌이 이편한세상보다는 비교 우위에 있어 보인다. 게다가 센트레빌은 래미안길음센터피스와 롯데캐슬클라시아 인근에 있어 신축의 낙수 효과를 받기에도 좋은 위치다. 하지만 아파트 가격을 보면, 이편한세상의 매매가가 동부센트레빌보다 높다. 그 이유 중 하나는 배정받는 초등학교 때문이다. 길음초는 2016년 학업성취도 평가에서 보통 이상 비율이 95%로 서울 시내에서 50위권에 드는 명문초이다.

세대를 거듭하면서도 쉽게 바뀌지 않는 고정관념 중 하나가 공부를 잘하는 친구들과 어울리면 공부를 잘하고, 바르게 성장한다는 것이다. 이런 지역은 시간이 지나도 높은 학업성취도를 유지하여 상급 학군지역으로서의 입지를 공고히 한다.

요즘은 고등학교보다 초등학교와 중학교를 중시하는 경향이 있다. 초등학교와 중학교는 근거리 배정이고, 중학교까지 학업을 잘 끝내면 고등학교는 자사고와 특목고 등으로 보폭을 넓힐 수 있기 때문이다. 그래서 명문초, 명문중에 배정 받을 수 있는 근거리 단지의 인기가 날로 높아지고 있으며 이는 아파트 가격 상승의 큰 요인이 되고 있다.

학원가는 학군이 좋은 지역에 형성되는 것이 일반적이다. 또한 과거에 비해 확실히 학업과 교우관계에서 학원이 차지하는 비중이 상당히 높아졌다. 이런 상황에서 늦은 시간까지 공부한 우리 아이가 집에 오는데 1시간이 걸린다면? 아이의 피로도는 대학입시를 두고 치열한 경쟁을 벌이는 우리나라 교육 환경에서 어쩌면 부모의 출퇴근 피로도 이상으로 중요할지 모른다.

2011년 서울 초등학교 학업성취도 예시			2016년 서울 중학교 학업성취도 예시		
초등학교 명	구분	보통 이상 비율	중학교 명	구분	국영수 평균점수
청원	사립	100%	대원국제	사립	100
중앙대사범부속	사립	99.30%	영훈국제	사립	98.3
계성	사립	98.80%	대왕	공립	97.67
영훈	사립	98.30%	광남	공립	97.63
동북	사립	98.20%	압구정	공립	97.60
매원	사립	98.10%	오륜	공립	97.27
경기	사립	98.10%	대청	공립	97.17
서울원명	공립	98.00%	목운	공립	96.43
서울삼육	사립	97.90%	월촌	공립	95.80
한신	사립	97.90%	서운	공립	95.57

표 3-5 초등학교, 중학교 학업성취도 예시(출처: 아파트랭킹)

이러한 요인들이 학군과 학원가 밀접 단지의 가격 상승에 큰 영향을 미친다. 가장 대표적인 지역으로 서울 대치동과 목동, 대구 범어동, 대전 둔산동, 울산 옥동 등이 있다. 자녀들의 교육환경과 우리의 삶을 종합적으로 생각해보면 보다 현명한 선택을 할 수 있을 것이다.

가용 자산 파악하기

대다수의 기업들은 부채를 가지고 있다. 그 기업들이 단순히 돈이 없어 부채를 갖고 있는 것일까? '부채'의 레버리지 효과를 통한 +효과가 이자 부담 등의 -효과보다 더 크기 때문이다. 기업이 성장하는데 과도한 부채는 리스크가 되지만, 적정한 부채는 순자본만 가졌을 때보다 기업의 성장을 훨씬 앞당길 수 있다.

이는 개인(또는 가계)의 자산에서도 마찬가지다. 최대의 이익 구조를 만들기 위해서는 당연히 자본은 많을수록 좋고, 그만큼 또 중요한 게 적정 부채인 것이다. 이번에는 내 자산, 즉 자본과 부채를 적정하게 늘리는 방법에 대해 알아보자.

소득과 지출을 정확히 파악하라

"한 달에 얼마나 버세요?"

자영업 등 개인 사업을 하면 매달 편차가 좀 있기는 하지만, 그래도 대답하기 어렵지 않고, 실제 소득과도 많이 다르진 않을 것이다.

그럼 다음 질문, "한 달에 얼마나 쓰세요?"

첫 번째 질문보다 확실히 대답하기 쉽지 않고, 실제 지출과 차이가 많을 가능성이 높다. 자산관리의 시작은 자신의 월 소득과 지출 수준을 정확히 인지하는 것이다. 사실 소득은 지금 당장 내가 변화시키기 힘든 부분이기 때문에 여기서는 지출을 관리하는 방법에 대해 살펴보려고 한다.

지출을 통제하기 위해서는 우선 지출 파악이 정확하게 되어야 한다. 가장 쉬운 방법은 가계부 쓰기다. 예전에는 수기로 가계부를 작성하는 경우가 많았으나, 요즘은 앱을 통해 보다 편리하게 지출 내역을 살펴볼 수 있다.

〈대표적인 가계부 앱〉

① Toss　② 네이버 가계부　③ 뱅크 샐러드

가계부 작성을 생활화하면 예상치 못한 소득 감소나 투자로 인한 지출이 발생할 경우에도 불필요한 소비를 효과적으로 줄여 생활의 균형이 깨지지 않도록 만들어준다. 예를 들어 만약 꾸준히 가계부를 작성해왔다면 새로운 투자를 시작해 매월 30만 원의 이자가 발생할 수 있는 상황이라고 하더라도 지출 우선순위와 통제 가능 여부를 파악하고 있으므로 투자 결정을 빠르게 할 수 있다.

은행 돈도 내 돈이다! 대출을 통한 자금 마련

최근 정부의 부동산 대책에서 가장 큰 비중을 차지한 것은 바로 대출 규제였다. 부동산은 기본적으로 고가라 자기자본만으로 매입하기는 쉽지 않고, 가능하다 하더라도 레버리지를 통한 매입이 자본운용 측면에서 큰 이익이 따른다.

다음의 사례를 보자. A, B, C는 비슷한 시기에 입사하여 각각 1억의 종잣돈을 모았다. 재테크에 눈을 뜬 세 사람은 X라는 아파트를 매입하려고 한다. 하지만 대출에 대한 생각이 저마다 다르다 할 때 10년 뒤 A, B, C의 선택은 어떤 결과를 가지고 올까?

A는 레버리지를 최대한으로 이용했고, B는 레버리지를 일부 이용했으며, C는 빚 지는 것을 극도로 꺼려 이용하지 않았다. 결과론적인 얘기일 수 있지만 최근의 가격 흐름으로 판단했을 때 A는 자가 보유에 집값 상승으로 자산 증식까지 이루었고, C는 여전히 전세살이를, 아마 B도 부동산 가격이 올라 여전히 매입하지 못했을 가능성이 높다.

아마 여러분들 중 분명 '에이~ 집은 당연히 대출 받아 사는 거 아니야?'라고 생각하시는 분들도 있겠지만, 대출로 인한 이자 부담이 싫어서

구분	A	B	C
부동산 가격	5억	5억	5억
대출(연 이자 3%)	4억	2억	-
실투자금	1억	3억	5억
연간대출이자	1,200만 원	600만 원	-
매입 경과 기간 (종잣돈 1억, 연저축 5000만 원 가정 시)	즉시	4년 후	8년 후

표 3-6 대출보유 성향에 따른 투자 시기의 차이[*]

주택 구입을 망설이는 경우가 많다.

그러나 전반적인 부동산 가격의 상승으로 대출 없이는 매입이 더 어려워진 현 상황에서 대출은 마냥 꺼려야 할 대상이 아닌 최대한으로 활용해야 할 대상이라는 인식의 전환이 필요하다. 오히려 현재는 주택담보대출에 대한 규제로 인해 신용대출 등으로 확보해야 할 경우가 더 많아졌기 때문에 부채 활용 방안에 대해 고심하고 그 활용도를 극대화할 방안을 모색해야 한다.

금융기관에서 어떤 회사에 대출을 해줄 때는 해당 회사에 대한 조사를 철저히 한다. 그 회사의 매출, 이익, 자산은 물론 기타 예상되는 리스크들을 검토한 후 금융기관이 원리금(원금+이자)을 회수하는데 위험이 없다고

---

[*] 대출과 자산의 취득을 단순비교하기 위한 가정으로 재산세, 중개수수료 등의 기타 비용을 제외함.

판단되면 대출을 해주는 것이다.

개인대출은 어떨까? 개인 역시 물론 해당 차주의 신용, 소득, 담보자산, DTI(총부채상환비율), DSR(총부채원리금상환비율) 등을 통해 대출 금액과 실행 여부를 가늠하긴 하지만, 사실 주택담보대출의 경우에는 차주에 대한 리스크보다는 상대적으로 정책에 부합한지가 더 중요하다. 금융기관 입장에서 리스크 측면으로 봤을 때 서울 소재 10억짜리 우량 아파트에 대출을 4억만 해줄 이유가 없다. 최소 7억을 해줘도 훨씬 더 많은 이자 수입이 발생하고, 최악의 경우도 7억 정도면 경매 절차를 통해 충분히 회수하고도 남을 만한 금액이기 때문이다. 그럼에도 금융기관에선 대출정책을 따라야 하기 때문에 주택담보대출을 최대한도로 받기 위해서는 정부 정책과 대출 규제를 정확히 이해하고 있어야 한다.

주택담보대출

사실 불과 몇 년 전만 해도 주택담보대출의 한도 계산은 매우 간단했다. 통상적으로 LTV 한도(담보 시세의 70%), DTI 한도(차주의 연 소득과 부채를 고려해 측정한 소득 한도) 중 더 적은 한도가 주택을 매입하는데 융통할 수 있는 대출 한도였다.

$$LTV = 3억, DTI = 2억$$
$$→ 최종 대출 한도 = 2억$$

그나마도 웬만한 소득과 부채가 아니고서는 통상 LTV 한도가 DTI 한도보다 적기 때문에 아파트라면 KB시세 일반가의 70%가 자신의 주택담보대출의 한도였다.

그러나 지금은 상황이 많이 달라졌다. 각종 대출 규제 정책으로 인해 매우 까다롭고 복잡해졌다. 그리고 규제 지역 역시 확대되며 점차 부동산 투자가 어려워지고 있다.

먼저 담보대출 한도를 계산해보자. 다음 2가지 표만 확실히 체크하고 순서대로만 짚어나간다면 어렵지 않게 주택담보대출 한도를 계산할 수 있을 것이다.

① 먼저 [표 3-7]을 통해 내가 매입할 주택이 어떤 지역으로 분류되는지 체크하라.
② 다음 주택담보대출의 자금용도를 체크하라.
 - 이미 소유 중인 집을 담보로 한 대출이라면 '생활안정자금'
 - 주택 매입을 위해 잔금일 날 대출을 받는다면 '주택구입자금'
③ 세대별 주택수를 계산하라.
 - 본인 외 배우자, 자녀 등 세대원들의 모든 주택수가 포함된다.
  ※ 혹여라도 다른 세대원들의 소유 주택을 거짓으로 미포함할 생각이라면 접어야 한다.
   현재는 주택담보대출 신청 시 금융기관에서 모든 세대원들의 소유 주택을 국토부에서 확인하고 있다.
④ 해당 주택의 시세를 확인하라('주택구입자금'만 해당).
 - 대부분의 금융기관이 KB시세(https://onland.kbstar.com)를 기준 시세로 활용하고 있으며, 9억 초과 여부와 15억 초과 여부가 중요하다.

	조정대상지역	투기과열지구
20.6.19 이전	(서울) 全 지역 (경기) 과천, 광명, 성남, 고양(7개 택지), 남양주(다산·별내동), 하남, 화성(동탄2), 구리, 안양, 광교, 수원, 용인수지·기흥, 의왕 (지방) 세종(행정중심복합도시 예정지역)	(서울) 全 지역 (경기) 과천, 성남분당, 광명, 하남 (지방) 대구 수성, 세종(행복도시 예정지역만 지정)

	조정대상지역	투기과열지구
20.6.19 이후	(서울) 全 지역 (경기) 全 지역(일부 지역* 제외) * 김포, 파주, 연천, 동두천, 포천, 가평, 양평, 여주, 이천, 용인 처인(포곡읍, 모현·백암·양지면, 원삼면 가재월·사암·미평·좌항·두창·맹리), 광주(초월·곤지암읍, 도척·퇴촌·남종·남한산성면), 남양주(화도읍·수동면·조안면), 안성(일죽면, 죽산면 죽산·용설·장계·매산·장릉·장원·두현리, 삼죽면 용월·덕산·율곡·내장·배태리) (인천) 全 지역(강화·옹진 제외) (지방) 세종(행복도시 예정지역만 지정), 대전, 청주(동 지역, 오창·오송읍만 지정)	(서울) 全 지역 (경기) 과천, 성남분당·수정, 광명, 하남, 수원, 안양, 안산단원, 구리, 군포, 의왕, 용인수지·기흥, 화성(동탄2만 지정) (인천) 연수, 남동, 서구 (지방) 대구 수성, 세종(행복도시 예정지역만 지정), 대전 동·중·서·유성

표 3-7 조정대상지역, 투기과열지구 지정 현황표(2020년 6월 기준)(출처: 국토교통부)

위 사항들을 모두 확인했으면 최종 내가 적용 받게 될 LTV와 DTI를 계산하면 된다. 여기서 설명하는 대출한도의 계산 방식은 2020년 6월에 발표된 정책을 기준으로 한 것이다. 과거 발표된 대출정책을 보면 규제지역의 지정, 다주택자의 대출 제한, 고가주택에 대한 대출한도 축소, 대출차주의 전입 및 처분 조건의 강화로 움직이는 것을 확인할 수 있다. 추후 대출정책이 변하더라도 이러한 방향으로 움직일 거라 예상된다. 현재의 기준을 숙지하되 정책이 변경될 경우, 새로운 기준을 추가하는 방식으로

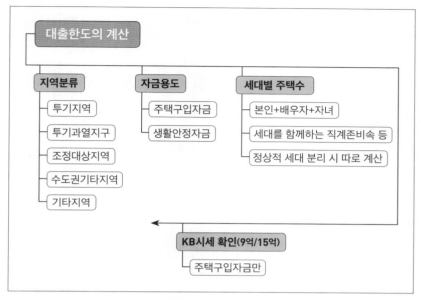

그림 3-11 대출 한도 계산 순서도(2020년 7월 기준)

정리하자. 이런 준비는 결정적 상황에서 내 자산을 지켜주는 든든한 지원군 역할을 할 것이다. 지금부터는 실전을 대비하여 사례를 중심으로 연습해보자.

Q1) 당신은 현재 광명과 하남에 각 1채씩 총 2채의 주택을 보유하고 있다. 추가로 서울에 주택을 매입하려는 경우, 대출한도는 최대 얼마까지 가능할까?

A1) 대출 자체가 불가능하다.

정책	구분	투기	투기과열	조정대상		비규제	비 고
17년 8·2	LTV 등	40%	40%	60%		70%	비규제 지역도 주택수에 따라 LTV 등 차감
	기타	세대당 1건	주택담보 대출 1건 이상 30%	-		-	
18년 9·13	LTV 등	40%	40%	60%		70%	투기과열 내 1주택자 1년 내 전입, 처분
	기타	2주택 이상 보유 세대 대출 불가				-	
19년 12·16	LTV 등	15억 초과: 대출 불가 / 15~9억: 20% / 9억 이하: 40%		60%		70%	-
	기타	2주택 이상 보유 세대 대출 불가				-	
20년 2·20	LTV 등	15억 초과: 대출 불가 / 15~9억: 20% / 9억 이하: 40%		9억 초과 / 9억 이하	30% / 50%	70%	조정대상 1주택자 2년 내 전입, 처분
	기타	2주택 이상 보유 세대 대출 불가				-	
20년 6·17	LTV 등	15억 초과: 대출 불가 / 15~9억: 20% / 9억 이하: 40%		9억 초과 / 9억 이하	30% / 50%	70%	규제지역 내 6개월 내 전입 및 처분
	기타	2주택이상 보유 세대 대출 불가				-	

※ 신용등급, 세대별 주택수, 금융기관별 조건이 상이할 수 있음.

표 3-8 정책별 대출조건의 변화

[표 3-7]을 보면 광명과 하남은 투기과열지구, 새로 매입하려
는 서울 역시 어디든 최소 투기과열지구 이상에 해당하므로,
현재 1세대가 2주택을 보유하고 있는 상황에서 '자금용도: 주

택구입자금' 명목의 대출을 추가로 받으려는 상황이다. 이를 [표 3-8]에서 확인해 보면 9·13대책 이후부터는 LTV, DTI가 0% 인 것을 확인할 수 있다. 즉, 대출이 되지 않는다.

Q2) 서울 소재 17억짜리 아파트*를 매입하면서 담보대출을 신청하려고 한다. 한도는 얼마인가?

A2) 대출 자체가 불가능하다. 대출 시세가 15억을 초과하기 때문이다.

Q3) 현재 무주택으로 소득은 충분하다고 가정할 때, 서울 소재 14억짜리 아파트를 매입하면서 담보대출을 신청하려고 한다. 한도는 얼마인가?

A3) 대출한도는 4억 6000만 원이며, 6개월 내 전입을 해야 한다. 투기과열지구/투기지역의 9억 초과 주택 매입 시에는 다음과 같이 LTV가 차등 적용된다.

---

* 감정평가액, 한국감정원 시세, KB시세 중 큰 금액 기준

(9억×40%) + (5억×20%) = 4억 6000만 원

[참조]

규제지역 내

▶ 무주택자가 주택 구입을 위해 담보대출을 받는 경우, 전입 의무 부과

▶ 1주택자가 주택 구입을 위해 주택담보대출을 받는 경우, 6개월 내 처분, 전입 의무 부과

▶ 시가 9억을 초과하는 주택을 담보로 대출을 가진 가계 차주는 모든 대출에 있어 DSR(은행권 40%, 비은행권 60%)을 적용

이 사례들을 자신에게 적용해보면, 어렵지 않게 대출을 통한 내 가용자산 증가분을 가늠해볼 수 있을 것이다.

확실히 최근 주택 구입을 위한 대출은 많이 어려워졌다. 규제 지역 역시 확대되어 투자가 쉽지 않다. 하지만 내 앞에 있는 돌을 걸림돌로 볼 것인지 디딤돌로 볼 것인지는 자신에게 달려 있다. 같은 상황에서도 누군가는 여전히 비규제지역에 상대적으로 풍선 효과를 통한 투자 수요가 집중될 수 있음을 직감하고 과감한 투자로 기간 대비 더 높은 수익을 얻기도 한다. 빠른 판단은 현재 정책에 대한 이해와 여러 대출을 통한 내 가용자산의 정확한 측정을 바탕으로 한다. 상황의 변화는 뜻밖의 기회를 만든다. 대출에 대한 고정관념을 깨고, 지금의 정책을 활용할 수 있는 방

법에 대해 고민해보자. 투자의 기술은 생각보다 가까운 곳에 있음을 느낄 것이다.

담보주택 소재지역	자금 용도	세대 구분	담보주택 공시가격	20.07.10 기준	
				LTV	DTI
투기 & 투기과열	주택 구입	무주택 세대	9억 원 이하	40%	40%
			9억 원 초과	20% (조건부)	40% (조건부)
		무주택 세대 중 서민 실수요자	9억 원 이하	50%	50%
			9억 원 초과	50% (조건부)	50% (조건부)
		1주택 세대	9억 원 이하	40% (조건부)	40% (조건부)
			9억 원 초과	20% (조건부)	40% (조건부)
		2주택 이상 보유 세대		대출불가	
		15억 초과		–	
	생활 안정 (1억 한도)	1주택 이상 세대		40%	40%
		2주택 이상 세대		30%	30%

※ 개인신용등급, 소득, 주택 보유수, 금융기관별 기준이 상이할 수 있음.

표 3-9 투기지역 및 투기과열지구의 대출 조건표[*] (2020년 7월 10일 기준)

---

[*] 재개발, 재건축 조합원이 1주택세대로서 조합설립인가 전까지 1년 이상 실거주한 경우 15억 초과건은 대출 취급 가능, 금융기관마다 기준이 상이하니 대출 진행 전 반드시 사전 문의할 것.

부모님 자금 사용 시 증여 vs. 차용

누군가에게는 불공평한 상황이지만, 부모로부터 물려받거나 자녀에게 물려줄 재산이 있다는 것은 정말 행운이다. 혜택을 받은 자녀의 입장에서는 또래에 비해 종잣돈을 마련할 시간이 비약적으로 줄어들게 되고, 특히나 요즘 같이 강한 대출 규제로 자금 마련이 쉽지 않은 상황에서 자유로울 수 있다. 충분한 자금 여력이 있다는 것, 부동산 투자에서 이 사실이 갖는 가장 큰 의미는 좋은 기회가 왔을 때 언제든 잡을 준비가 되어 있다는 것이다.

당신에게 자녀가 1명 있다고 가정해보자. 재산을 물려줄 적법한 방법은 증여와 상속 2가지이다. 당신의 재산은 현재 15억이고, 이 모두를 자녀에게 물려준다고 할 때 상속이 증여에 비해 공제금액이 훨씬 크다. 하지만 상속은 상속 주체자의 '사망'이라는 전제조건이 필요하기에 그 시기를 임의로 선택할 수 없다.

반면 증여는 상속 대비 공제 항목이 적어 실효세율은 높을 수 있으나, 필요한 시기에 선택적으로 활용할 수 있으므로 부의 대물림을 위해서는 상속뿐만 아니라 증여 전략 또한 잘 활용하면 좋다. 대부분의 증여는 자금출처 조사에서 자유로울 수 없다. 특히나 최근 미성년자의 고액 부동산 취득이 사회적 문제로 대두되면서 더욱 강화되었다.

그러나 일반적으로 [표 3-10]에서 말하는 기준에 해당하는 금액에 대해서는 사회통념상 증여추정에 대해 완화해주는 경우가 있다. 과거에는 비세대주 자녀에게 2억 5000만 원을 한도로 증여추정배제를 이용했지

구분	취득재산		채무상환	총액한도
	주택	기타재산		
30세 미만	5000만 원	5000만 원	5000만 원	1억 원
30세 이상	1억 5000만 원	5000만 원	5000만 원	2억 원
40세 이상	3억 원	1억 원	5000만 원	4억 원

표 3-10 증여추정 배제기준(출처: 상증법 사무처리규정 38조 1항)

만, 현재는 이 기준이 개정되었다. 자산가들이 소득을 가진 30세 이상의 자녀를 먼저 세대주로 만들고 해당 금액 이하로 증여하는 방법을 이용하지만 최근에는 자금출처조사가 강화되었기 때문에 관련 법률과 규정을 정확히 확인해야 한다.

여기서 혼동하지 말아야 할 것은 증여추정 배제기준이 증여세를 면제해주는 개념은 아니라는 것이다. 실제 증여추정 배제기준보다 금액이 미만이더라도 증여 사실이 확인이 되면 증여세는 과세 대상이 된다. 증여세의 비과세 기준은 증여재산 공제액을 준용한다.

만약 성인인 자녀에게 6억 원을 증여[*]한다고 가정해보자. 증여세는 얼마나 될까? 증여공제를 감안하더라도 9000만 원이 넘는 증여세가 발생한다. 거의 증여액의 16%를 세금으로 납부해야 하는 이 부담스러운 상황

---

[*] 증여재산채무, 10년 이내 증여받은 재산, 10년 이내 증여받은 재산 납부증여세가 없다고 가정

과표	세율(%)	누진공제	구분	금액
1억 이하	10%	0원	증여세 과세가액	600,000,000원
5억 이하	20%	1000만 원	증여세 과세표준	550,000,000원
10억 이하	30%	6000만 원	산출세액	105,000,000원
30억 이하	40%	1억 6000만 원	납부할 증여세액	94,500,000원
30억 초과	50%	4억 6000만 원		

표 3-11 증여세 과세표준과 계산 사례

을 어떻게 대처할 수 있을까?

이때 고려해볼 수 있는 것이 바로 차용증*이다. 부모로부터 단순히 돈을 받는 게 아닌 이자라는 반대급부를 지급하고 유상으로 사용한다는 증빙서류를 작성하는 것이다. 돈을 빌리는 대상이 남이나, 금융기관이 아닌 부모가 되는 것이다. 차용증 작성에서 핵심은 증여세법에서 규정하고 있는 적정 이자율과 공제금액(1000만 원) 고려 시, 증여재산가액=0이 되는 이자율을 산정하는 것이다(이 금리를 '무증여 금리***'라 칭하자).

예를 들어 5억에 대한 차용증을 작성할 때 이자율을 2%로 산정하면,

* 정상적인 금전소비대차계약서를 작성하고, 이자와 같은 반대급부를 적정한 시기에 정당하게 지급
** 무증여 금리 산정식=적정이자율(4.6%)-1000만 원/대출금액

126

대출금액 5억에 인정 이자율 4.6%를 곱하여 계산한 금액 2300만 원(5억
×4.6%)과 실제 지급한 이자 상당액 1000만 원(5억×2%)의 차액인 1300만
원 중 1000만 원을 차감한 300만 원이 증여재산가액이 된다.

　요약하면, 은행에서 자금을 조달할 수 없을 때 가족에게 차입할 수 있
는 방법이 있다는 것이다. 여기서 중요한 것은 제3자와의 금전거래와 동
일하게 차입금 상환 능력을 갖춘 사람이 이자 등의 반대급부를 지급하
되, 이자 수익이 발생한 당사자는 정상적으로 이자소득신고를 반드시 해
야 한다는 점이다.

다만 친족 간의 금전거래는 증여로 추정하는 것이 세법의 입장이기에 적법한 절차를 거치되 세무전문가의 조언을 받아 방법을 선택하는 것이 좋다.

좋아 보이는
물건들의 비밀

손품을 통한 1차 부동산 선정법

1. 투자 원칙[*]을 바탕으로 자신의 상황에 맞는 지역을 정하자.

최대한의 예산범위 내에서 가능한 지역을 확인하자. 그런 다음 점차 범위를 좁혀 나가라. 실전투자에서는 선택과 집중이 중요하다. 가지고 있는 예산에서 매입이 불가능한 지역에는 미련을 버리자.

2. 해당 지역 인근의 조건들을 체크하자.

가능 지역군을 정한 후에는 '직주근접성, 학군, 개발호재' 등을 확인한다. 그리고 이를 바탕으로 시, 구, 동, 역세권까지 세부 지역 단위로 들어

---

* 3장 '01.기본을 알면 뜰 지역이 보인다'에서 다루었던 내용 참조

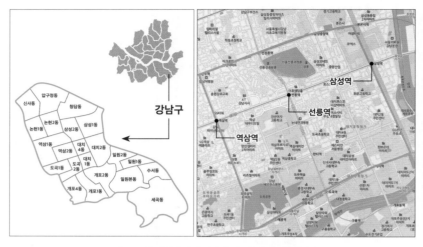

그림 3-12 투자지역 선정 예시(출처: 강남구청 홈페이지)

가 투자 대상지를 최대한으로 좁혀라. 그래야 실시간으로 나오는 좋은 부동산(로얄층, 급매물)을 콕 집어 잡을 확률을 높일 수 있다.

3. 주상복합 구축 및 오피스텔, 나홀로 아파트는 제외시켜라.

일단 오피스텔 같은 수익형 부동산은 시세차익을 얻기 어려운 구조다. 또한 이런 주상복합 건물은 과거 단위 면적당 최대 용적률과 건폐율을 사용하기 때문에 정비사업으로 인한 기대이익이 크지 않아 재개발이나 재건축 사업이 진행될 가능성도 거의 없다. 그래서 실수요 상승으로 인한 시세 차익을 생각한다면 500세대 이상의 아파트 위주로 보는 것이 좋다. 일반적으로 세대수에 비례해 교통, 인프라, 커뮤니티 등이 연계되어 있어 이 요소들이 실수요자를 끌어들인다.

그림 3-13 적정 투자 물건지 분류 방법(출처: 호갱노노)

4. 주변의 정비사업 현황을 파악해라.

재개발 재건축 및 도시환경정비 등 정비사업이 추진 중이거나 연속으로 예정된 곳은 미래가치가 높아지며, 장기 우상향할 가능성이 높다. 이는 마치 부뚜막에 마른 장작과 바람을 넣어주는 것과 같다. 주변의 정비사업 현황을 파악하는 것은 내가 투자한 곳이 타오르기에 충분한 땔감들이 얼마나 있는지를 확인하는 작업이다.

5. 최근 5년간의 전세가율을 살펴라.

수많은 시장 참여자와 그들의 거래량으로 가격이 결정되는 주식과 달리, 부동산은 훨씬 더 제한적인 시장 참여자와 많은 제약 등으로 가격 변동 주기가 굉장히 긴 편이다. 적어도 최근 5년간 내가 투자하고자 하는 곳의 가격 흐름을 보면 미래를 그려볼 수 있다. 이 추세를 볼 때는 매매가뿐만 아니라, 전세가와 매매가 대비 전세가율의 흐름도 살펴봐야 한다. 전세가율은 임차수요(월세 포함), 신규 물량에 따른 영향, 정비사업 등의 기대감, 잠재적 수요자 등 여러 복합 요소가 객관적으로 반영된 지표이기 때문이다.

6. 가용자산, 투자 재료, 가격 추이 등을 고려하여 최종 매물을 선택한 후, 자금계획을 체크하라.

부동산 투자 시 가장 큰 변수는 자금이다. 자금 스케줄이 꼬여버리면 난감할 상황이 발생할 수 있다. 무엇보다 내가 어렵사리 잡은 기회를 놓치게 될 수도 있다. 그렇기 때문에 마지막 투자 결정에 앞서 철저한 자금계획을 세워두어야 한다. 그래야만 기회가 왔을 때 즉각 실행에 옮길 수

	구분	금액	비고
1	대출	3억	연 900만 원, LTV 40%, 금리 3%
2	차입	4억	연 1840만 원, 차용증 가정(이자율 4.6%)
3	자기자본	1억	-
4	매매가	8억	1+2+3
5	취등록세, 등기비용	2200만 원	85㎡ 이하 가정(취득 시 1회 발생)
6	중개수수료	440만 원	처분가 비례 추가 발생
7	실제 취득가액	8억 2640만 원	4+5+6

표 3-12 자금계획표 예시

있다. [표 3-12]는 독자의 이해를 돕기 위해 약식으로 만든 것이다.

보유세를 제외하고 8억짜리 아파트를 매입하기 위해서는 8억 2640만 원이 필요함을 알 수 있다. 만약 2년간 실거주 후 처분한다면 얼마에 팔아야 손해가 아닐까? 7억에 대한 대출이자, 재산세, 중개수수료(매도 시), 기타 수리비용을 합산한 금액 이상이 되어야 할 것이다. 2년 뒤 계산한 금액 이상으로 상승할 것으로 판단된다면 과감히 선택할 수 있어야 하는데, 이런 의사결정은 철저한 자금계획에서부터 시작한다.

발품을 통한 2차 부동산 선정법

인터넷의 발달로 웬만한 정보들은 인터넷과 앱을 통해 얻을 수 있는 시대가 되었다. 그러나 여전히 부동산에서 투자 성패를 좌우하는 결정적 정보들은 현장에 있는 경우가 많다.

임장을 할 때는 '거시적 관점에서 미시적 관점'으로 분석해야 한다. 먼저 지하철과 버스로 최소 2정거장 전에 내려서 주변의 교통, 주거편의, 교육시설, 개발재료 등을 확인해야 한다. 이때 [표 3-13]을 활용하면 시간과 실수를 줄일 수 있다. 또한 부동산은 기본적으로 개별성이 매우 큰 자산이라 하나의 잣대로만 판단할 수 없기 때문에 투자 물건을 최대한 다각도로 살펴보는데 도움이 된다.

임장을 하는 가장 큰 이유는 온라인상에서 접하기 힘든 현장의 정보를

구분		체크리스트 항목
교통 상황	1	간선, 고속도로와의 접근성은 양호한가?
	2	출퇴근시간 업무지구까지 접근하는데 얼마나 걸리나?
	3	단지에서 버스정류장과 지하철역까지 얼마나 걸리나?
주거 편의	4	대형마트/백화점/음식점/병원 등 쇼핑시설은 있는가?
	5	세무서/구청/시청/경찰서/주민센터 등 공적기관은 있는가?
	6	세탁소/미용실/은행/카페/동물병원 등 편익시설의 접근성은?
교육 시설	7	초, 중, 고등학교 접근성은 어떤가?
	8	어린이집, 유치원, 보육시설, 놀이터는 이용하기 편리한가?
	9	학원 등 사교육시설은 얼마나 있는가?
	10	유흥시설은 얼마나 떨어져 있는가?
개발 재료	11	업무지구/공원/도로/지하철/공공시설/대형마트/대형학원가 등이 추가로 조성되는가?
단지 배치	12	단지의 향이 남향이면서, 동간 거리는 적정하여 일조권 확보에 문제는 없는가?
	13	리버뷰/마운틴뷰/파크뷰/스쿨뷰와 같은 조망권은 나오는가?
	14	세대당 주차대수는 충분하며, 지하주차장과 연결되어 있는가?
	15	단지 내 조경은 관리가 되며, 녹지율은 적정한가?
	16	단지 내 경사도는 적정하며, 차량이 지상으로 다니는가?
	17	아파트 입구의 진출입이 편리하고, 도심으로의 접근 시 동선이 효율적인가?
	18	소형, 중형, 대형 평형의 세대수는 적정히 구성되었고, 평형별 공간이 효율적으로 설계되었는가?
	19	경비실의 수가 적정하며, 분리수거, 택배수령, 계단청소, 동파관리 등은 잘되는가?
입구	20	수납공간, 환기기능, 도어락, 바닥재질, 문턱의 높이, 거실의 채광은 적정한가?

구분		체크리스트 항목
현관	21	침실과 주방, 거실의 동선은 적정하며 소파, 콘센트, 인터넷코드, 조명의 위치와 수는 불편함이 없겠는가?
거실	22	창호브랜드와 성능, 에어컨 실외기의 위치와 배관연결성, 바닥, 벽지, 걸레받이의 시공 상태는 괜찮은가?
주방	23	주방의 환기, 수납공간, 빌트인의 구성, 이음부분의 마감 상태, 싱크대 상판과 문짝은 불편함이 없게 시공되었는가?
안방	24	전구 교체, 창문의 잠금장치, 문틀, 장롱을 넣기 위한 공간, 조명, 콘센트 위치, 에어컨 설치 위치, 채광은 적정한가?
발코니	25	에어컨 실외기를 두는 위치, 세탁기용 수전 위치, 페인트칠, 벽체마감, 샷시의 브랜드와 성능, 건조기와 세탁기를 넣을 수 있는 공간, 조망권, 블라인드 설치, 채광은 적정한가?
기타	26	수납장 개폐 작동, 수납 공간효율성, 결로, 누수, 수압 등은 이상 없는가?

표 3-13 유용한 임장 체크리스트

얻기 위해서다. 그리고 이 현장 정보를 가장 잘 알고 있는 사람은 해당 지역의 공인중개사들이라 그들과의 관계 형성이 정말 중요하다.

일단 여러 공인중개소를 방문해 중개사들과 안면을 익히고 최대한 많은 대화를 하려고 노력해라. 진심으로 다가가면 인터넷상으로 파악하기 힘든 중요한 정보들을 얻을 수 있을 것이다.

그렇게 시간이 쌓이면 전과는 다르게 더 많은 것들이 보이고, 좋은 정보를 듣게 될 확률이 높아진다. 결정적으로 경쟁력 있는 물건이 나왔을 때 나를 가장 먼저 기억하고 연락을 줄 것이다. 또한 최종 계약 전 가격협상 시에도 우군이 되어줄 사람임을 명심하자.

현장에서의 지혜는 책상에 앉아 하는 공부만으로 배울 수 없다. 자주

나가고, 만나고, 소통해야만 배울 수 있다. 아직 익숙하지 않은 사람들은 해당 체크리스트(165p 참고)를 토대로 연습해보는 걸 추천한다. 이런 과정을 거치면 최종 결정에 대한 실수를 획기적으로 줄일 수 있을 것이다.

사례로 보는 좋은 물건의 조건

1. 세대수는 다다익선

아파트는 기본적으로 세대수가 많을수록 좋다. 과거에는 아파트 투자의 적정 세대수를 500~1000세대 정도로 봤던 때도 있었지만, 세대수가 너무 적으면 주변 상업시설 등 주거 인프라가 떨어지고, 거래량이 적어져 매매 시 적정 가격을 형성하기 어렵다. 최근 아파트 트렌드는 세대수가 많을수록 좋다고 보고 있다. 그에 걸맞은 커뮤니티 시설 등이 형성되고, 심지어 단지 내 학교가 들어오는 등 생활 인프라가 세대수에 비례해서 커지기 때문이다. 예를 들어 같은 사당동에 있는 동작삼성래미안과 사당롯데캐슬을 비교해보자.

평형 차이는 1년 6개월 정도의 건축연도 차이로 상쇄된다고 가정하면, 비슷한 입지임에도 가격 차이가 나는 것은 세대수에 따른 인프라 차이로 해석할 수 있다.

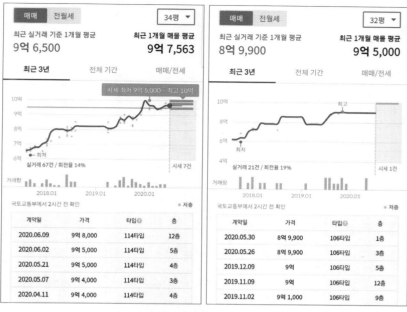

동작삼성래미안(896세대)

매매	전월세		34평 ▼

최근 실거래 기준 1개월 평균
9억 6,500

최근 1개월 매물 평균
9억 7,563

최근 3년	전체 기간	매매/전세

시세 최저 9억 5,000 ~ 최고 10억

실거래 67건 / 회전율 14%
시세 7건

국토교통부에서 2시간 전 확인 · 저층

계약일	가격	타입❓	층
2020.06.09	9억 8,000	114타입	12층
2020.06.02	9억 5,000	114타입	5층
2020.05.21	9억 5,000	114타입	4층
2020.05.07	9억 4,000	114타입	3층
2020.04.11	9억 4,000	114타입	4층

사당롯데캐슬(223세대)

매매	전월세		32평 ▼

최근 실거래 기준 1개월 평균
8억 9,900

최근 1개월 매물 평균
9억 5,000

최근 3년	전체 기간	매매/전세

실거래 21건 / 회전율 19%
시세 1건

국토교통부에서 2시간 전 확인 · 저층

계약일	가격	타입❓	층
2020.05.30	8억 9,900	106타입	1층
2020.05.26	8억 9,900	106타입	3층
2019.12.09	9억	106타입	5층
2019.11.09	9억	106타입	12층
2019.11.02	9억 1,000	106타입	9층

그림 3-14 세대수에 따른 가격 차이(출처: 호갱노노)

2. 역세권과 슬세권

중소형 아파트일수록 지하철역과의 거리가 가까워야(500m 이내) 환금성이 좋다. 상업시설은 아파트 단지와 분리되어 주거환경을 침해하지 않으면서 도보로 이용 가능한 위치가 유리하다. 경험상 2km 반경 내 백화점, 대형 할인매장, 상업지구, 편의시설 등이 있다면 더할 나위 없다. 백화점, 스타벅스, 이마트 슬세권(슬리퍼와 같은 편한 복장으로 편의시설을 이용할 수 있을 정도로 편리한 주거 권역)이라는 말이 괜히 나온 것이 아니다.

신세계 강남점	롯데 잠실점	현대 본점	갤러리아 명품관	현대목동점
반포자이 반포미도(1차) 래미안퍼스티지 신반포3차경남 신반포센트럴자이 신반포(한신2, 4차) 잠원동아 신반포자이	잠실리센츠 잠실트레지움 잠실주공5단지 레이크팰리스 잠실장미 잠실파크리오	압구정신현대 압구정현대 1~7차 압구정현대 10차 압구정현대 13차 압구정현대 14차	압구정현대 8차 압구정한양 1~8차	목동 7단지 목동하이페리온 신정아이파크

표 3-14 편의시설 슬세권이라 불리는 아파트

3. 조망권(한강뷰, 공원뷰, 하천뷰)

조망권이 좋은 아파트는 가치가 더욱 상승하기에 강이나 하천, 공원, 도심 야경이 확보되는 단지를 고르면 단연 유리하다. 다만, 특히 중소형 아파트의 경우 고지대는 조망권이 좋아도 가격 형성에 불리하고, 경사가 심할수록 안전사고의 위험이 있으므로 선택 시 주의해야 한다. 단지의 녹지율(부지면적의 40% 이상)이 높고, 조경시설이 잘 갖춰진 아파트는 고급스러운 느낌을 연출하여 시세 형성에 유리한 측면이 있다.

실제 신축아파트 중 최초 평당 1억을 넘기며 이슈가 되었던 반포의 아크로리버파크의 경우도 한강조망권 여부에 따라 34평 기준, 가격 차이가 5억까지 크게 벌어짐을 알 수 있다(2019년 19년 10월 기준).

조망권은 강남뿐 아니라 강북의 경우도 동일하게 적용된다. 마포의 래미안웰스트림에서도 한강조망권에 따라 36평 기준. 가격 차이가 2억 이상 벌어짐을 알 수 있다(2019년 10월 기준).

아크로리버파크 　　　　래비안웰스트림

아크로리버파크

매매　전월세　　　34평 ▼

최근 실거래 기준 1개월 평균
30억 6,188
최근 1개월 매물 평균
31억 2,186

최근 3년　전체 기간　매매/전세

실거래 112건 / 회전율 19%　시세 30건

2018.01　2019.01　2020.01
국토교통부에서 30분 전 확인　◦ 저층

계약일	가격	타입	층
2020.05.31	33억	112B	20층
2020.05.23	30억 8,000	112B	19층
2020.05.13	31억 6,500	112A	18층
2020.05.12	28억 7,000	112B	6층
2020.05.06	28억 3,000	114C	7층
2020.02.29	33억 7,000	112B	8층
2019.12.15	30억 5,000	112B	13층
2019.12.14	31억 7,000	112B	33층
2019.12.14	29억 9,000	112B	14층
2019.12.12	31억	114C	18층
2019.11.22	29억 5,000	112B	4층
2019.11.09	31억	112A	8층
2019.10.31	30억 5,000	112A	26층
2019.10.09	34억	112B	16층
2019.10.07	29억	112A	14층

래비안웰스트림

매매　전월세　　　36평 ▼

최근 실거래 기준 1개월 평균
16억 5,000
최근 1개월 매물 평균
없음

최근 3년　전체 기간　매매/전세

실거래 40건 / 회전율 16%　시세 없음

2018.01　2019.01　2020.01
국토교통부에서 32분 전 확인　◦ 저층

계약일	가격	타입	층
2020.04.23	16억 5,000	119D	20층
2020.02.26	15억 5,000	119C	13층
2020.02.09	14억 9,000	119D	16층
2019.11.30	14억 6,000	119D	26층
2019.11.28	15억	119D	14층
2019.11.19	13억 5,500	119D	7층
2019.11.17	13억 5,000	119D	1층
2019.11.02	14억 4,000	119D	13층
2019.11.01	14억 7,700	119D	10층
2019.10.15	15억 3,000	119D	30층
2019.10.12	16억 1,000	119C	19층
2019.09.15	14억 5,000	119D	13층
2019.09.06	15억 6,000	119C	18층
2019.08.31	11억 5,000	119C	2층
2019.08.03	13억 8,000	119D	10층

그림 3-15 한강조망권에 따른 가격 차이(출처: 호갱노노)

4. 어쩔 수 없지만, 님비*!

단지 주변에 유해물질 배출공장, 소각장, 화장터, 구치소와 같은 혐오시설과 철로변, 자동차 통행이 잦은 대로변에 인접한 단지는 부정적 이미지, 대기오염, 소음공해로 시세 형성에 불리할 수 있으므로 주의해야 한다. 반대로 유해시설이 이전이나 철거되는 경우는 호재로 작용할 수 있다. 대표적인 곳이 바로 성동구치소 이전이다. 과거에는 유해시설로 집값에 부정적 영향을 끼쳤지만 구치소 부지가 신혼희망타운, 복합비즈니스

그림 3-16 전 성동구치소 부지

---

* 님비(NIMBY, Not In My Back-Yard): 위험시설, 혐오시설 등이 자신들이 살고 있는 지역에 들어서는 것을 강력하게 반대하는 시민들의 행동

시설, 창업공간 등으로 개발됨에 따라 주변 지역에 큰 호재로 작용하고 있다.

5. 차가 없는 세대는 없다

주차면적은 가구당 1.3대 이상, 지하주차장까지 엘리베이터가 연결되어 있고, 단지 내에 차가 다닐 수 없는 곳이 좋다. 주차는 생각보다 삶의 질에 큰 영향을 미친다. 가구당 주차가 1대도 안 되는 아파트는 매일 주차와의 전쟁을 벌여야 한다. 주거지의 본질은 삶의 쾌적성, 안정성, 편의성이다. 이런 모든 조건이 현재뿐만 아니라 미래의 가격에도 반영된다는 점을 잊어서는 안 된다.

그림 3-17 세대당 1대 미만 아파트 단지와 지상에 차량이 없는 아파트 단지

6. 남향이 뭐길래! 햇빛을 사랑하는 한민족

단지는 남향, 남동향, 남서향과 같이 남향 위주로 배치되어 있어 일조량이 좋은 단지에 대한 수요가 높다. 우리나라는 배산임수와 남향에 대한 선호가 의식 속에 깊이 잠재해 있다. 반면 초고층으로 건축된 아파트는

타워형으로 건축되어 서향, 북향으로 배치되는 가구가 많고 공기청정시 스템이 되어 있다고 하더라도 자연통풍이 부족한 단점을 피할 수 없으므 로 선택 시 주의해야 한다.

7. 전반적인 구조를 살펴라(로얄층, 서비스 면적, 판상형, 3~4베이)

서비스 면적(발코니)이 분양 평수에 비해 크고, 전면 발코니를 중심으로 거실과 방이 많이 배치*되어 있을수록 투자성이 높다. 평면 차체는 타워 형보다 판상형이 유리하고, 층고는 높을수록 개방감이 있고 공간도 넓어 보이는 효과를 준다. 붙박이장이나 작은 창고가 많이 있는 등 내부 수납 공간은 효율적으로 구성되어 있을수록 좋다. 비로얄층이라도 정원이 별 도로 있는 1층, 다락방이 있는 최상층은 인기가 좋다. 보통 총 층수의 2/3 이상을 로얄층이라고 하는데 15층을 기준으로 했을 때 11~13층, 7~10층, 14~15층, 4~6층, 1~3층 순으로 수요가 형성된다.

8. 신상이 어렵다면, 신상 근처라도 가라

최근 가장 선호하는 것은 대단지 신축이다. 생활 인프라가 좋기 때문이 다. 다만 신축은 비싸기 때문에 예산이 부족하다면 신축의 인프라를 공유 할 수 있는 신축 대장주 바로 옆에 붙어 있는 단지도 고려해볼 만하다. 가

---

* 하나의 기둥을 중심으로 2개의 공간(거실이나 방)이 배치된 경우를 2Bay라 하고 두 개의 기둥 을 중심으로 3개의 공간이 배치된 형태를 3Bay라 한다.

격 상승기에는 대장주의 낙수 효과를 받을 수 있다.

예) 송파 헬리오시티 옆 가락동부센트레빌, 래미안대치팰리스 옆 대치
아이파크 등이 있다.

9. 제2의 월세인 관리비를 확인하라

공급이 늘어난 지역의 경우 단기적으로 임차를 맞추기 힘든 경우가 있
다. 투자자 입장에서 가장 걱정되는 부분이 공실이 지속되거나 만기 시
새로운 세입자가 구해지지 않아 보증금을 반환해야 하는 경우다. 또한 코
로나로 인해 소비심리가 냉각된 현 경제 상황에서 한 푼이라도 아끼려는
임차인들은 관리비가 싼 아파트나 주거시설을 선호하기 마련이다.

따라서 기축 물건을 고를 때는 분양면적 대비 전용율이 낮거나 관리비
가 비싼 것들은 보유 시 부담이 되고 임차나 매도 시 단점으로 작용한다
는 것을 염두에 두어야 한다. 그런 면에서 지역난방, 계단식, 첨단시설을

구분	정의	좋은 점	불편한 점
개별난방	각 세대에 보일러 설치 (난방, 급탕 개별 공급)	자유로운 난방 조절 세대별 요금 부과	보일러 관리비 발생 낮은 열효율
중앙난방	중앙기계실에서 통제 (난방, 급탕 일괄 공급)	24시간 온수 공급 높은 열효율	개별 난방 통제 불가
지역난방	열병합 발전소에서 통제 (난방, 급탕 일괄 공급)	24시간 온수 공급 소음 없음	개별 난방 통제 한계

표 3-15 난방형태별 특징

갖춘 아파트는 관리비가 적게 들어 임차인들의 선호도가 높다.

관리비에는 여러 종류가 있는데, 그 항목 중에서 가장 큰 비중을 차지하는 것이 난방비다. 일단 비용측면에서는 지역난방이 중앙과 개별난방에 비해 20~30% 이상 절감되는 것을 확인할 수 있다. 강남, 서초, 송파, 노원, 양천, 분당, 안양, 부천 등의 일부 지역이 지역난방을 사용하고 있는데, 겨울철에는 동일 평형 기준으로 5만 원 이상 차이가 난다.

그리고 구조적으로는 복도식보다 계단식* 구조가 난방 효과가 크다. 복도식은 전면이 외부로 향해 있어 외부와의 노출면이 많아 단열비가 많이 발생한다.

한편, 신축 대단지의 관리비가 저렴한 것을 종종 볼 수 있는데, 오래된 아파트는 특별수선충당금(추후에 발생하게 될 수리비를 미리 적립하는 개념)과 수선 유지비가 많이 발생하지만, 첨단시스템을 갖춘 최신 아파트는 경비원 수나 불필요한 인건비를 줄일 수 있기 때문에 장기적으로는 저렴한 경우가 있다.

그리고 입주자 대표회의와 관리사무소의 활동이 왕성한 곳이 좋다. 아파트 관리가 중요하기 때문이다. 경비실의 청결 상태나 게시판, 엘리베이터, 계단의 관리 상태를 보면 대략 유추할 수 있다. 우리가 기억해야 할 것은 서비스의 질과 관리비가 정비례하는 것은 아니라는 점이다.

임차수요를 고려한 세심한 투자를 생각한다면, 절대 무시해선 안 되는

---

* 리모델링이나 재건축이 임박한 아파트는 용적율로 인해 복도식이 유리한 경우가 많다.

부분이다. 결국은 사람이 살기 좋은 곳이 프리미엄이 있는 부동산이다. 대다수의 기축 물건은 주거의 적응기가 완료된 경우가 많으므로 거주 시 가치가 뛰어난 곳을 골라야 한다. 주거지로서의 가치를 따져보면 좋은 투자를 할 수 있다.

나에게 맞는
투자 방법 찾기

통상적으로 아파트 매매라고 하면 아파트 인근에 있는 부동산을 통해 거래하는 것을 떠올린다. 하지만 실제 아파트를 취득하는 방식에는 기축의 매매뿐만 아니라 미래의 아파트가 될 분양권이나 재개발, 재건축 등 다양한 방법이 있다.

청약(분양권)

내 집 마련은 하고 싶은데 당장에 큰돈이 없다고 가정해보자. 그렇다면 집을 살 돈을 마련할 때까지 계속 저축만 해야 할까? 그런데 내가 저축하는 속도보다 집값의 상승 속도가 더 빠르다면? 이때 현명하게 선택할 수 있는 방법 중 하나가 청약이다. 청약은 주로 무주택자나 사회초년생 등

자본주의 시대의 파워게임에서 약자들을 배려해주는 부분이 있다. 그래서 청약통장을 통해 신축 아파트의 주인이 될 수 있는 기회를 잡을 수 있는 것이다. 청약 가능한 아파트의 개념에 대해 자세히 알아보자.

구 분	국민주택	민간건설 국민주택	민영주택
정 의	국가, 지자체에서 건설하는 전용 85㎡ 이하의 주택	국민주택기금을 가지고 민간에서 공급하는 주택 (전용 60㎡ 초과 85㎡ 이하)	민간 또는 지자체가 공급하는 전용 85㎡ 초과 주택
대상 청약통장*	주택청약종합저축	주택청약종합저축 청약예금, 부금, 저축	주택청약종합저축 청약예금, 부금

표 3-16 주택별 정의와 청약 가능한 통장

청약은 내 집 마련을 위해 가장 매력적인 방법인 만큼 경쟁이 치열하다. 그렇기 때문에 철저한 공부와 전략이 필요하다.

전략 1. 특별공급을 노려라.

청약에는 특별공급이라는 것이 있다. 신혼부부(무주택 저소득의 신혼부부), 다자녀가구(3명 이상의 자녀를 둔 무주택 세대), 노부모 봉양(65세 이상의 직계존속을 3년 이상 부양하는 무주택 세대), 생애최초 주택구입자, 기타 기관

---

* 청약저축(국민주택 청약가능), 청약예금(민영주택 청약가능), 청약부금(전용 85㎡ 이하의 민영주택 청약 가능)은 15년 9월 이후 신규 가입이 중단, 주택청약종합저축(국민, 민영주택 청약 가능)으로 통합되었다.

추천자 및 이전기관 종사자에게 혜택을 주는 것이다. 마치 대학 입시의 특별전형처럼 일반 전형보다는 경쟁률이 낮기 때문에 자신이 해당 전형 기준에 부합하는지 사전에 반드시 확인해야 한다.

전략 2. 모델하우스를 방문하라.

모델하우스 방문을 통해 현장 분위기를 살펴보자. 평일 오후에는 사람들이 모델하우스를 찾지 않는 시간이다. 따라서 이 시간대에 모델하우스를 방문하면 분양아파트의 관심도를 확인할 수 있다. 만약 사람이 없는 시간에도 투자자들로 인산인해를 이룬다면, 그만큼 사람들이 투자가치를 높게 본 것이다.

또한 모델하우스를 방문하면 중개업자들이 주변에 있는 것을 볼 수 있다. 현장에서는 '먹이가 있는 곳에 물고기가 몰리고, 수익이 있는 곳에 중개업자들이 있다'는 말이 있다. 주변에 중개업자가 많다는 것은 그만큼 투자성이 좋다는 것일 수 있다. 다만, 아르바이트생들을 고용하는 경우도 많으므로 보이는 것을 전부 믿어서는 안 된다. 그리고 달콤한 불법 거래를 제안하는 경우도 꼭 피해야 한다.

전략 3. 실제 현장도 확인하라.

특히 모델하우스 위치가 분양 현장과 떨어져 있을 경우, 실제 물건지의 입지나 교통, 생활환경, 뷰 등 중대한 결점을 숨기고자 하는 경우가 있을 수 있으므로, 모델하우스뿐만 아니라 실제 물건지도 직접 눈으로 확인하는 것이 필요하다. 그리고 모델하우스에서 봤던 이미지들을 떠올리며 최종적으로 입주 시 완성될 모습도 상상해보자.

청약은 주변 시세 대비 낮은 가격에 분양되기 때문에 기본적으로 수익성이 좋고, 특히 8·2대책 이후 가점제 확대 적용으로 당첨 자체가 어렵기 때문에 당첨 확률을 높일 수 있는 방법을 생각해봐야 한다. 청약에 최종 당첨되면 이는 계약의 성립으로 보아 아파트를 분양 받을 권리가 생기게 되고 통상 10%를 계약금으로 납부한 후, 60%의 중도금(10%씩 6회)과 마지막으로 30%의 잔금을 지급하면 소유권을 취득하게 된다. 참고로 대출한도는 입주자모집공고 당시를 기준으로 잔금대출 규제가 적용되지만, 금융기관마다 개별 기준이 상이하므로 사전에 문의하는 것이 좋다.

전략 4. 예상 경쟁률 및 커트라인을 감안하여 가능성을 높여라.

청약단지 분석 후에는 당첨 확률을 높이는 것이 중요하다. 최근 입지 좋은 수도권 단지 청약의 경우 당첨가점 평균이 60점을 상회한다. 청약점수가 비교적 낮다면 '공급 물량이 많거나 비선호 타입'을 선택해 당첨 확률을 높일 수 있다. 또한 청약시기가 비슷한 좋은 단지들이 있다면 가점 높은 통장은 다음을 위해 아껴야 되는 경우도 생기기 때문에 이런 부분들까지 종합적으로 고려하여 최대한 청약당첨 확률을 올릴 수 있는 전략을 세워야 한다.

나 또한 내 집 마련을 위해 공부하던 중 강남의 보금자리 아파트로 공급하는 내곡지구를 유심히 살피게 되었다. 이 단지는 공공분양이어서 일반 청약의 경우 청약통장 금액으로 승패가 갈리는데 비교적 청약통장 불입액이 낮았던 나는 '특별공급인 생애최초 방식'을 선택하였다. 생애최초 방식은 추첨방식이라 청약통장 금액이 낮더라도 운에 걸어볼 수 있기 때문이다. 이 시기 2단지와 6단지가 동시 분양을 했었는데, 6단지는 저층단지로 용적률이 낮고 토지비용이 높았기 때문에 2단지 대비 분양가가 20% 이상 비싸게 나왔다. 또한 6단지 내에는 26평이 34평 대비 분양 세대수가 많아 청약확률을 높이기 위해 6단지 26평형을 신청하였다. 이처럼 당첨확률을 높일 수 있는 전략에 운까지 더해져 청약에 당첨될 수 있었다.

기축 부동산

기축은 신축 및 구축 아파트 모두를 지칭하는 말로 이미 지어져 있는 아파트를 투자하는 가장 보편적인 방식이다. 기축 아파트 투자 시 가장 고려해야 할 점은 앞서 살펴봤듯 서울 3도심과의 접근성과 주거 시 편리한 생활 인프라, 미래 확장성일 것이다. 기축 투자에 있어 가장 유리한 방식은 급매이다.

급매란, 사정상 급하게 팔기 위해 시세보다 저렴하게 내놓은 물건이다. 다만 상승장에서는 급매가 거의 없다. 굳이 싸게 내놓지 않더라도 매입하려는 대기 수요자가 많기 때문이다. 만일 상승장임에도 불구하고 급매가 나온다면 그 물건은 권리관계에 하자가 없는지, 다른 투자 위험 요소가 없는지 의심해봐야 할 것이다.

좋은 입지에 있는 단지를 급매로 잡기 위해서는 결국 아파트 가격 사이클에 있어 조정장이 올 때를 노려야 한다. 이런 시기에는 심리가 얼어붙기 때문에 아파트의 거래량 자체가 없어지고, 비과세나 갈아타기 위한 매물들이 시장에 급매로 나올 수 있기 때문이다.

다만 급매가 나올 경우 이를 기다리는 대기수요자가 많기 때문에 내가 잡을 수 있는 가능성을 최대한 높여야 한다. 그 방법이 바로 중개사와의 관계다. 중개의 경우 단독중개와 공동중개로 나누어진다. 단독중개는 매수자, 매도자의 중개인이 같은 경우이고, 공동중개는 매도자와 매수자의 중개사가 각각 다른 경우를 말한다.

공동중개를 하면 내가 전달하고자 하는 메시지나 매도자 측 메시지가 한 단계를 더 거쳐서 와야 하고, 내가 진행하는 중에도 다른 중개사가 끼어들어 물건을 빼앗길 수 있기 때문에 가급적 단독중개가 좋다. 단독중개 시 중개사는 거래 성사로 양쪽 모두에게 중개수수료를 받을 수 있어 계약을 성사시키기 위해서라도 중간에서 최대한 협의점을 찾기 위해 노력하기 때문이다. 또한 매도자 측 사정을 좀 더 정확하게 파악할 수 있으므로 추가 가격 협상 시 많은 도움을 받을 수 있다.

어느 부동산에 급매물이 나올지 알 수 없으므로 타깃 단지의 인근 부동산들과 모두 두루 좋은 관계를 유지하고, 지속적인 관심과 강력한 매수 의지를 보여 급매 잡을 확률을 높여야 한다.

재개발과 재건축

최근 수도권의 재개발과 재건축에 대한 투자자들의 관심은 뜨겁다. 수도권 핵심지역 내 신규 아파트를 공급할 수 있는 토지가 부족한 상태에서 재개발과 재건축 외에는 마땅한 대안이 없기 때문이다. 많은 사람들이 재개발과 재건축을 혼동해서 사용하는 경우가 있어 그 개념을 간략히 짚고 넘어가겠다.

구분	재개발	재건축
개념	상하수도, 도시가스, 전기 등 기반시설과 함께 주택을 공급하는 것	이미 주거환경이 갖추어진 곳에 주택을 새롭게 건축하는 것
목적	불량주택 및 공동시설 정비	노후, 불량주택 재건축
주요대상	단독밀집	공동주택
특성	도시계획을 통한 주거환경 정비	주택공급
시행 주체	1순위: 토지 등의 소유자 조합 2순위: 지자체, 주공, 토공, 지방공사 3순위: 민관합동법인, 부동산신탁사 50% 이상 토지소유자로부터 주민의 추천을 받은 자	재건축조합
개발방식	철거, 수복, 보전	철거
공급대상	토지, 건물소유자에게 우선 분양 잔여분 일반분양	조합원 분양 후, 잔여분 일반분양
토지수용	가능	매도청구 가능
수익지표	비례율	무상지분율

표 3-17 재개발과 재건축 사업의 비교

먼저 '재개발 사업'은 주거환경을 개선하기 위해 정비기반시설이 열악하고 노후, 불량 건축물이 밀집한 지역을 말 그대로 싹 다 갈아엎는 것이다. 예를 들어 달동네 등 슬럼가 지역을 밀어내고 새로운 지역 단지를 조성하는 거라고 보면 된다. 반면 '재건축 사업'은 30년 이상의 노후화된 아파트를 허물고 다시 신축으로 짓는 것이다.

재개발과 재건축은 말 그대로 하나의 사업이다. 그렇기 때문에 이 사업에 투자를 생각하고 있다면 기본적으로 각 사업들의 진행 절차 정도는 확실히 알고 있어야 한다. 이 절차들의 진행 여부와 속도가 해당 사업의 성패를 판단할 수 있는 가늠자이기 때문이다. 먼저 [그림 3-18]로 정비사업의 절차를 살펴보자.

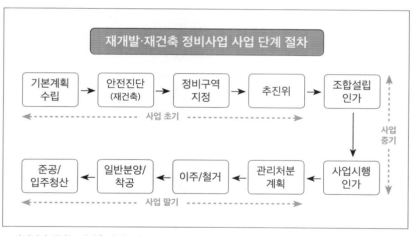

※ 안전진단 절차는 재건축 사업에만 해당됨.

그림 3-18 정비사업의 기본 절차

① 기본계획

말 그대로 정비사업의 기본이 되는 계획을 수립하는 단계로, 시장과 같은 자치단체장이 사업의 기본방향과 사업 기간 등 기본적 현황에 대한 가이드라인을 제시한다.

② 구역 지정

자치단체장은 기본계획에 적합한 범위 안에서 정비계획을 수립하여 14일 이상 주민에게 공람하고, 지방의회의 의견 수렴 후 도지사에게 정비구역 지정 신청을 한다. 정비구역 지정은 기본계획에서 수립했던 정비 대상을 보다 상세하게 확정 짓는 단계라 보면 된다(개발대상 세대, 구역 명칭, 면적, 범위 등).

③ 안전진단(재건축만 해당)

아파트와 같은 공동주택은 '안전진단'이라는 절차를 통과해야만 재건축 추진이 가능한데, 이를 결정하는 요인에는 구조물의 안전성, 주거환경, 비용편익, 설비노후도가 있다. 다만 2018년 3월 가중치가 개정되면서 주거환경이 40% → 15%, 구조안전성이 20% → 50%로 변경되어 실제 재건축 예정단지들의 안전진단 통과가 더욱 까다로워졌다.

④ 추진위원회 및 조합설립인가

한편 해당 지역에서는 토지 등 소유자의 동의를 얻어 위원장을 포함한

5인 이상의 위원으로 조합설립추진위원회를 구성한 후, 자치단체장의 승인까지 득하면 최종 조합설립이 인가된다.

⑤ 사업시행인가

사업시행자인 조합이 사업시행계획서에 정관 등의 서류를 첨부하여 자치단체장의 승인을 득함으로써 사업시행인가를 받게 된다. 일단 사업시행인가를 받았다면 해당 사업이 반환점을 돌았다고 평가할 수 있어 중요하다. 정비사업과 관련된 내용들이 대부분 사업시행인가 단계에서 확정되므로 속도감 있게 사업을 진행할 수 있다.

⑥ 관리처분계획

조합원 개개인 재산에 대한 감정평가 등의 권리관계를 확정하는 절차로 향후 새로 건설된 건축물은 이 관리처분계획에 따라 토지 등 소유자에게 공급하고 잔여분은 일반분양을 하게 된다. 관리처분계획이 끝나면 여기서부터는 정비사업이라기 보다는 신규 건축사업의 절차와 동일해진다.

⑦ 이주-철거-착공-분양

이후 이주계획을 수립하여 이주비 지급 및 건물 명도를 하고 이주가 완료되면 종전 건축물을 모두 멸실시키고 착공하게 된다. 한편, 조합원분외 물량에 대해 일반분양 청약 접수까지 마무리되면 사업의 9부 능선은 넘은 셈이다.

⑧ 준공-입주 청산

공사가 완료되면 자치단체장의 준공인가를 받는다. 준공인가 전이라도 완공된 건축물이 사용에 지장이 없을 경우에는 사용검사를 받아 입주하기도 한다. 준공 및 입주가 완료되면 자치단체장에게 조합해산 인가를 신청하게 되며 조합해산을 마지막으로 해당 사업은 마무리된다.

지금까지 재개발·재건축 정비사업의 사업 절차에 대해 알아보았다. 이제 본격적으로 사업성이 좋은 재개발(또는 재건축) 투자의 기준은 무엇인지 알아보자.

먼저 매입 시기가 중요하다. 정비사업에 대한 투자는 절차 중 어느 단계에서 투자를 결정하느냐에 따라 수익성이 달라진다. 각자의 투자 목적과 상황, 위험 감수 정도 및 기대수익 목표에 따라 적합한 매입시점을 선택해야 한다.

[표 3-18]을 보자. 예를 들어 재건축에서 높은 투자수익을 기대한다면 '추진위원회가 결성되는 시점에 사서 사업시행인가 단계'에서 파는 것이 유리하겠지만, 대신 사업 지체로 인한 장기간 비용 발생 등의 위험은 감수해야 한다.

그래서 투자의 안정성에 조금 더 포커스를 맞춘다면 '사업시행인가' 시점으로 늦추어 재건축사업이 안정적으로 추진될 수 있는 조건이 갖춰진 후 분양 받는 것도 좋은 방법이 될 수 있다.

다만, 최근 정비사업과 관련된 법이 개정되면서 규제지역 내의 재건축

구 분	재개발	재건축
1차 상승시점	구역지정 고시	추진위원회 결정 시
2차 상승시점	조합설립인가 및 시공사 선정	안전진단
3차 상승시점	사업시행인가	조합설립인가 및 시공사 선정
4차 상승시점	관리처분인가	사업시행인가
5차 상승시점	이주 및 철거	관리처분인가

※ 지역에 따라 거래 제한, 입주권이 생기지 않는 경우가 있으므로 거래 시 조합에 사전 문의 필수

표 3-18 일반적인 재개발과 재건축의 매수 시기

은 조합설립 전, 재개발은 관리처분 전에만 거래가 가능하고, 재당첨제한과 같은 추가 규제가 생겼으므로 현금청산이 되거나 입주권이 나오지 않는 경우를 고려해서 투자해야 한다.

다음은 물건지 평가이다. 좋은 후보지 선정 방법은 재건축, 재개발에도 동일 적용 가능하므로 이곳에 새로 세워질 아파트가 투자처로 매력적인가는 유용한 임장 체크리스트(135p)를 참고하면 된다.

다만 재개발, 재건축과 같은 정비사업 물건은 기축 물건이나 분양 물건들과는 달리 아직 존재하지 않는 사업이다. 그래서 단순 물건지 평가 외에 해당 물건지가 사업적으로도 투자성이 있는지를 살펴야 한다. 이때는 다음 체크리스트를 활용하면 유용할 것이다.

	재개발
1	사업의 추진 속도는 빠르며 소송, 민원 등 사업의 걸림돌이 될 만한 사항은 없는가?
2	개발이익비례율*은 높은 수준인가?
3	내가 투자하는 물건의 공시지가나 감정평가액이 높은 편**에 속하는가? ('일반분양가 - (감정가 × 비례율) = 추가분담금'으로 감정가가 높을수록 유리하다.)
4	전체 사업부지 면적 대비 조합원 수는 적은 편인가? (조합원 수가 많으면 일반분양이 적어서 비례율과 사업성이 떨어진다.)
5	내가 구매한 재개발 물건으로 대형 평수를 청약할 수 있는가?
6	재개발 사업이 진행되었을 때, 인근 대형 단지에 비해 세대수는 많은 편인가?
7	다른 재개발에 비해 이주비⁑ 책정이 많이 되었는가?
8	재개발 후 교통, 주거환경, 자연환경, 편의시설, 업무시설 접근성이 충분히 개선되는가?
9	해당 물건은 실제로 입주권이 나오는가?
10	지분쪼개기 등 조합원이 늘어나서 수익성이 떨어지거나 사업이 좌초될 위기는 없는가?

표 3-19 재개발 체크리스트

- 비례율 = (사업완료 후 대지 및 건물 시설의 총추산액－총사업비)/ 종전 토지 및 건축물의 총가액 사유지의 비율이 높고, 사업면적에 비해 조합원수와 세입자 수가 적으며, 일반분양가가 높은 지역이 비례율이 높다. 통상 비례율은 100%로 수렴하는 경향이 있다(분쟁 방지 목적).
- ** 진입도로 조건, 대지의 인접도로의 폭, 토지의 모양, 토지의 고저 등을 보아 감정평가액이 높을 만한 조합원 지분을 골라야 한다. 진입도로의 폭이 넓고, 토지의 모양이 반듯하며 평지인 것이 감정가가 높은 경우가 많다.
- ⁑ 관리처분 후 철거, 이주 시 대출을 해주는 것으로 이주비가 많이 나오면 실투자금이 줄어드는 장점이 있다. 이주비가 높게 책정된 곳은 사업성이 뛰어나서 일반분양가도 높게 나오는 경우가 많다.

	재건축
1	역세권으로 용도지역 변경 및 용적률 상향이 가능한가?
2	기존 주택면적과 비교하여 대지지분(등기된 대지권)은 충분히 넓은가?
3	사업지의 공시지가가 인근지에 비해 높은 수준인가? (지가가 높으면 자산평가액과 일반분양가가 높게 책정된다.)
4	아파트 시세, 분양가 상승률이 높을 만한 지역인가? (일반분양가 상승 시 조합원의 추가분담금이 상대적으로 감소된다.)
5	대지면적에 비해 가구수가 많지는 않은가? (사업이익 감소와 함께 로얄층 배정의 경쟁이 심하다.)
6	인근 아파트에 비해 세대수는 많은 편인가?
7	재건축 아파트의 진입도로는 확보되었고, 충분히 넓은가?
8	조합장의 역량, 도덕성, 의지, 경험은 풍부하며 소송 등 분쟁사항은 없는가? (사업이 늦어지면 비용부담이 늘어나고 사업성이 떨어진다.)
9	초기 투자비용과 투자기간의 금융비용 등을 감안해도 인근 아파트 시세나 일반분양가보다 투자성이 있는가?
10	최소 안전진단은 통과했고, 실제 입주권이 나오는가?

표 3-20 재건축 체크리스트

　재개발, 재건축, 청약을 통한 분양권은 신축의 집이 생긴다는 공통점이 있다. 다만 청약을 통한 부동산 매입과는 달리 재개발, 재건축 물건은 사업 중단 등 변수가 있다는 점과 초기 투자자금이 많이 필요하다는 단점도 존재한다. 그러나 비용과 시간 리스크 등으로 경쟁이 적을 수 있고 가점이 필요 없으며 유주택자도 신축을 가질 수 있는 장점이 있다. 특히나 최근 신축이 아파트 시장의 트렌드가 되어 너무 비싼 가격으로 인해 매입이 힘들고, 가점이 낮아 청약을 통한 신축 입성이 힘들다면 시간을 가지고 재개발을 투자하는 것도 장기적 수익률이나 실거주 관점에서 이점이 있기에 점차 관심도가 높아지고 있다.

경매

경매는 공개경쟁매매의 준말이다. 사실 '경매'라는 매입 방식 자체는 일반인들에게도 굉장히 친숙한 방식이다. 내가 생각하는 적정 매입가를 적어내고, 그 가격이 매입의사자들이 제시한 가격 중 최고가일 때 해당 물

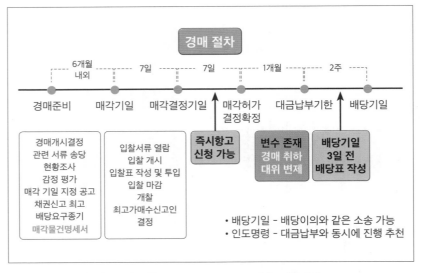

그림 3-19 경매의 절차(출처: 《한 권으로 끝내는 실전 경매》)

160

건을 그 가격에 살 수 있는 권리를 갖게 되는 것이다. 방식 자체는 간단하지만 초보자에게 경매의 문턱이 낮지는 않다.

경매물건 자체가 권리분석을 잘못할 경우 크게 손해를 볼 수 있고, 세입자의 명도 등에 따른 불확실성으로 금전적, 시간적 리스크 측정이 어렵기 때문이다. 그러다보니 아무래도 일반 부동산 매입방법에 비해서는 그 진입장벽이 높을 수밖에 없다. 그러나 반대로 경매와 관련된 불확실성을 명확하게 파악해낼 수 있다면, 수익 확대의 기회로 돌아올 수 있다. 다음 사례를 보자.

	구분	A	B	비고
1	시세	5억 원	5억 원	
2	낙찰가	4억 2000만 원	2억 2000만 원	
3	인수금액	-	3억 원	임차보증금 인수
4	총 투자금액	4억 2000만 원	5억 2000만 원	2+3
5	손익분석	+8000만 원	△2000만 원	1-4

표 3-21 경매성공과 실패사례 예시

시세가 5억인 부동산을 A는 4억 2000만 원, B는 2억 2000만 원에 낙찰받았다. 얼핏 보기에는 단연 B가 A보다 2억이나 더 싸게 매입해서 성공한 투자로 보인다. 하지만 실상은 A는 시세 대비 8000만 원 저렴하게, B는 오히려 시세보다 2000만 원 비싼 가격에 매입한 것이다.

그 이유는 말소기준등기*를 기준으로 이후에 성립된 권리는 소멸되는 것이 원칙이나, 먼저 성립한 권리는 낙찰자가 인수해야 되기 때문이다. 즉 B는 낙찰가 2억 2000만 원 외에 보증금 3억까지 인수하게 되어 실제 취득가는 5억 2000만 원이 되는 것이다.

이처럼 경매는 가치평가와 해당 물건에 대한 권리분석이 추가로 병행되어야 한다. 다른 매입 방법은 미래의 성장 가능성만큼이 수익이라면, 경매는 정확한 권리분석 평가로 매입 시 추가 수익을 거둘 수 있다는 점에서 매력적인 부동산 매입 방식이라 할 수 있다. 경매를 통한 내 집 마련은 주로 부동산 하락기와 침체기, 조정기에 유용한 투자 전략이다. 낙찰후 현금화까지 3~6개월 정도 시간이 소요되기 때문에 가격 및 기간 조정 시기에 낙찰 받는다면 추세 전환기에 큰 수익을 가져다 줄 수 있다.

경매는 부동산 공부의 집약체이다. 다양한 권리와 물건의 간접경험을 통해 부동산 실전 투자의 감각을 키우는데 유용하다. 최근의 경제 상황과 맞물려 우량한 경매물건이 증가하고 있기에 현명한 투자자라면 관심을 가지고 있어야 한다.

---

* (근)저당, (가)압류, 경매개시결정기입등기, 담보가등기, 임의경매를 신청한 선순위 전세권이 말소기준등기(집합건물)에 해당한다.

05

더 높게 더 멀리
나아가는 법

이번에는 부동산 투자와 관련된 사소하지만 굉장히 중요한 부분들에 대해 이야기하려고 한다. 이 기술은 단기적으로는 수익에 보탬이 되고, 장기적으로는 오랫동안 부동산 투자를 할 수 있도록 기반을 다져줄 것이다.

중개사를 내 편으로 만드는 기술

부동산은 개별 특수성이 강한 자산이라, 각 물건에 대해 정확히 알기가 쉽지 않다. 하다못해 지역색, 주민들의 거주 선호 형태, 해당 물건지의 세세한 히스토리 등 분명 알아두면 투자 판단에 도움이 될 수 있는 정보들은 인터넷상에서도 알아내기 힘들다. 우리는 정보들을 모두 알 수 없기에 도움이 필요하다.

그 조력자가 바로 해당 지역의 '공인중개사'다. 아무리 부동산의 달인이라도 장기간 그 지역의 상황을 낱낱이 알고 있는 중개사를 뛰어넘기는 쉽지 않다. 부동산 투자를 앞으로도 계속하고자 한다면 많은 중개사들 중 조금이라도 더 전문성 있고, 발전적 관계를 지속해 나갈 수 있는 투자 파트너를 찾아야 한다.

내가 만난 부자들 중 대다수가 적어도 본인들의 주요 투자지역 내 우수 중개사들과 연을 이어오며 지속적으로 그들로부터 투자정보 등을 얻고 있었다. 하나의 인적 인프라가 되어 큰 힘을 들이지 않고도 물건들을 비교·분석하여 양질의 투자를 실행할 수 있었던 것이다. 어떻게 하면 '좋은 중개사'를 찾을 수 있을까?

훌륭한 조력자는 좋은 부동산을 가질 수 있는 확률을 높여준다. '인사(人事)가 만사(萬事)다'라는 말이 있다. 사람의 일이 곧 모든 일이라는 뜻으로, 알맞은 인재를 알맞은 자리에 써야 모든 일이 잘 풀린다는 뜻이다.

물론 모든 투자가 결국 사람의 손을 타야 하긴 하지만, 특히 부동산은 사람으로 풀 수 있는 부분이 매우 높은 비중을 차지하는 자산이다. 그리고 그 중심에 서 있는 게 바로 현장에서 모든 경험과 정보를 섭렵하고 있는 '공인중개사'들이다. 좋은 중개사와 잘 다져놓은 인연은 어떤 형태로든 득(得)으로 돌아올 가능성이 높으니, 물건 하나를 보러 가더라도 그들과의 관계 형성에 진실된 자세로 노력을 기울여야 한다.

특히 광고비를 적극 부담하면서 홍보하는 곳은 중개업을 적극적으로

영업할 확률이 높다. 또한 고객 문의가 많아 좋은 매물을 보유하고 있는 경우가 많다.

체크리스트	검증하는 방법
전화통화 시 부드럽고 친절한가? 시차를 두고 전화해도 기억하는가?	매수, 매도, 임차문의를 통해 확인
한 지역에서 오랫동안 중개업을 했는가?	거리뷰와 현장 답사를 통한 간판, 전화번호 확인
전문적 지식을 갖추었는가?	입지, 법규, 세금, 권리, 지역호재 등 다양한 질문과 대화를 통해 확인
사무실은 깨끗한가?	사무실 방문을 통해 확인
중개사와 자격증이 일치하는가?	사무실 방문을 통해 확인
문자와 전화연결에 어려움이 없는가?	콜백 등 피드백 확인
탈법 등 비정상적 방법을 추천하는가?	법률근거 제시 요청, 분위기 확인
단독중개 물건을 많이 보유하고 있는가?	의뢰인과 직접 가격 협상 가능한지 문의 다른 중개사무소에 없는 매물이 있는지 문의
법정수수료 이상을 요구하는가?	중개수수료율 확인(어플 활용)
부동산 사이트에 홍보를 적극적으로 하는가?	인터넷 사이트 확인
지역 카페나 채팅방에서 평판이 좋은가?	검색 및 채팅 참여를 통해 확인
실제 중개를 얼마나 성사시키는가?	통화나 방문을 통해서 확인 주변 상가의 점주를 통해서 간접 확인

표 3-22 좋은 공인중개사를 찾는 방법

매수 타이밍을 끊임없이 노려라

"나는 만 가지의 발차기를 하는 사람은 두려워하지 않지만,
하나의 발차기를 만 번 연습한 사람은 두려워한다."
_이소룡

이 말을 부동산 투자에 적용해보면, 여러 지역을 두루 아는 것보다는 투자지역을 확실하게 선정한 후, 실제 매입을 위한 만 번의 발차기를 하는 게 훨씬 의미 있는 것이다. 결국에는 매입(또는 매도)까지 연결이 되어야 의미가 있지, 그러지 못한다면 결국 유효타도 못낼 엄한 발차기들만 허공에 해댄 꼴이 될 수 있다.

그래서 일단 매입 물건을 정했다면, 설정한 가격에 매입할 수 있도록 앱, 사이트, 중개사무소 등을 활용해 끊임없이 찾고 확인해야 한다. 지금까지 투자에서 그해 최저가 매입 혹은 최고가 매도를 할 수 있었던 건 거래 종료까지 좋은 매물과 매수 타이밍을 찾기 위한 만 번의 두드림 때문이었다.

끝날 때까진 끝난 게 아니다

부동산 강연을 했을 때 한 참석자가 내게 이런 질문을 던졌다.

"부동산 투자의 끝은 뭐라고 생각하세요?"

청중석에서는 '수익 실현'이라는 대답들이 들렸다. 나는 이렇게 답했다.

"맞아요! 부동산뿐만 아니라 모든 투자에서
'매수'가 첫걸음,
'매도'가 마지막 걸음이에요."

그리고 이어서 말했다.

"대부분의 사람들은 투자를 할 때
첫걸음과 마지막 걸음, 딱 이 두 걸음만 떼더라고요.
모든 경우에 다 적용할 수는 없겠지만,
적어도 제가 만나본 부자들은 투자를 할 때
첫걸음을 뗀 이후, 퇴장하기 전까지
수십, 수백 보를 더 걷습니다.
마지막 걸음이 한 보라도 더 멀리서 끝날 수 있게 말이죠."

가격은 수많은 요소의 영향을 받으며 변화한다. 매수를 할 때는 어느 정도 예측을 하게 되는데, 그것이 맞을 확률이 얼마나 될까? 매우 낮은 것이기에 확률을 높이기 위해서는 매도하기 전까지 계속해서 살펴야 한다. 예상한 대로, 목표한 대로 이 투자가 잘 흘러가고 있는지 말이다. 그리고 여기에 더해 내가 투자한 곳의 자산가치를 올릴 수 있는 일이 있다면 실행해야 한다.

특히 투자 기간을 1년 이내로 잡았다면, 매물로 올라온 호가는 계속 확인하는 게 좋다. 가격 추이를 살피는 한편, 저가 허위매물 신고로 매수 및 매도 대기자들의 가격 혼동을 빨리 제거해 심리적 가격 상승을 도와야 한다.

또한 '역시사지'의 관점이 필요하다. 투자를 하는 목적은 최소 비용으로 최대의 이익을 얻는 것이다. 여기서 내가 향후 매도 시 매수자의 투자금을 최대한 줄여주려면 어떻게 해야 하는가? 특히 요즘같이 대출이 힘든 시점이라면?

답은 전세보증금이 높은 지역을 선택하는 것이다. 추후 매수자의 투자금 부담을 낮춰주는 것인데, 전세 갱신 시 나의 투자금 또한 낮출 수 있는 방법이기도 하다.

전세 수요가 많은 지역이라면, 매매 잔금일과 전세 잔금일을 같은 날로 정해 전세가를 높게 받고, 중개수수료도 할인 받을 수 있는 전략을 취하는 것이 좋다.

반면 전세 수요가 많지 않은 지역이라면, 내가 실입주를 하거나 혹은 전세입자를 맞추기 전 집을 최대한 깔끔하고 모던하게 리모델링하는 것이 좋다. 여기서도 중요한 것은 역시 가성비이다.

기본적으로 도배, 장판, 싱크대, 신발장, 조명을 교체하고, 화장실이나 베란다 타일 등은 덧방시공, 비용이 많이 드는 샷시는 롤러 교체 및 시트지 작업을 하면 상당한 효과를 낼 수 있다. 셀프시공기준 24평 공사 시 1000만 원 내외로 시공이 가능한데, 이는 최소 수천만 원 이상으로 전세를 더 받을 수 있게 해준다. 또한 매도자가 매도 후 전세로 거주를 원할 경우, 협상을 통해 최대한 전세금을 높인다면 나의 초기투자금을 줄일 수 있고 매도 시에도 유리하다.

4장

생애 주기와 부동산 주기를 매칭하라

미혼 사회초년생, 수도권 분양권 매입

이 장은 〈강.부.자 부동산 스터디〉 카페 회원님들의 상담사례를 바탕으로 구성했다. 이를 통해 자신에게 맞는 방법과 선택법을 알아보자.

연령: 30대 초반, 대기업 직장인

거주지: 파주/ **근무지:** 파주

상황: 현재 직장 근처 원룸에 월세 거주. 무주택자로 향후 2~3년 내 결혼 계획. 최근 몇 년간 계속 상승하는 수도권 부동산 시장을 보며 내 집 마련 겸 부동산 투자를 결심함.

예산: 현금 1억 3000만 원, 신용대출 1억

대학 졸업 후, 대기업 입사 5년차로 회사 인근 파주 지역에 거주하며, 은행에서 권유한 펀드와 예금으로만 월급을 관리하던 회원님의 상담 건 (2019년 09월)이다. 업무도 바쁘고 종잣돈도 많지 않아 부동산 투자에 관심이 없었으나, 결혼적령기도 되고 최근 몇 년간 계속 상승하는 수도권 집값이 매년 자신의 저축액보다 훨씬 커지자 위기의식을 느꼈다. 최근 부동산 공부를 시작했고, 현재 가용예산으로 투자 가능한 부동산을 찾고 있었다.

대기업에 입사해 높은 연봉에 또래보다 저축도 많이 한다고 생각했는데 서울 부동산 투자를 하기에는 예산이 턱없이 부족했고, 지금이라도 주택청약을 노려야 할지, 수도권 구축 아파트라도 전세를 끼고 매입해야 할지, 이미 부동산를 투자하기에 너무 늦어버린 건 아닌지 복합적으로 고민이 많았다.

회원님은 가능하면 서울 소형 구축 아파트라도 신용대출을 최대한 받아 매입하기를 원했지만, 직장 고려 시 실거주가 쉽지 않고, 서울 집값이 이미 많이 오른 상황이라 최고의 선택은 아니라 판단되어 다른 대안을 찾기로 했다. 첫 상담 이후 여러 번의 의견 조율을 거쳐 향후 실거주도 가능하고 예산도 무리하지 않는 선에서 매입 가능한 '동패동 운정신도시 아이파크 분양권'을 추천했다.

당시 34평형 급매기준 5000~6000만 원 정도의 프리미엄이 형성되어 있었다. 계약금 10%를 포함해도 1억 정도의 예산으로 충분히 매입이 가능했고, 2020년 5월 입주예정이라 입주 시 담보대출을 받아 직접 입주하거나, 입주장 약세를 고려해도 전세를 놓고 신용대출을 더하면 충분히 잔금 납부가 가능한 상황이었다.

이 단지의 경우 3000세대 이상의 대단지로, 단지 내에 다양한 커뮤니티 및 초등학교가 있었다. 또한 GTX-A 노선의 예정지 인근으로 향후 운정신도시 내에서도 대장주 아파트가 될 것이 분명했고, 서울은 아니지만 수도권 내에서 충분히 경쟁력 있는 단지였다. 또한 GTX 주변 상업시설 등 생활 인프라도 더욱 발전할 것이고, 직장도 가까웠기에 결혼 후 실거주로도 매력적인 입지였다. 무엇보다 우수한 미래가치를 바탕으로 향후 서울로 갈아타기를 원할 시에도 충분히 디딤돌 역할을 할 수 있었기에 GTX역에서 가까운 동으로 일부 가격 조율 후 분양권 매입을 진행했다.

입주장에서 1억 3000만 원 이상의 프리미엄이 형성되었고, 전세입자도 잘 구해져서 무리 없이 잔금을 납부했다며 회원님의 만족도가 높았던 사례였다.

신혼부부,
수도권 재개발 매입

연령: 30대 초반, 맞벌이 신혼부부

거주지: 철산/ 근무지: 구로, 가산

상황: 결혼 2년차로 철산주공 아파트 20평대 전세로 결혼생활을 시작했고, 전세 만기를 앞두고 계속 상승하는 집값에 불안함을 느껴 내 집 마련을 결심함.

예산: 전세보증금 2억 6000만 원, 현금 7000만 원

결혼 2년차 30대 신혼부부 회원님과 진행했던 상담(2019년 4월) 건이다. 두 분 모두 직장이 구로와 가산 지역으로 직장과 가까운 철산주공아파트 20평대에서 첫 출발을 하였다. 결혼 당시 양가의 도움과 저축액으로 대

출 없이 2억 6000만 원 전셋집을 마련했고, 전세값 인상에 대비해 알뜰히 저축해 7000만 원도 보유하고 있었다. 하지만 결혼 2년간 수도권 집값이 계속 상승해 이대로 평생 전세로만 살아야 되는 것은 아닌지, 계속 저축하면 과연 내 집을 마련할 수는 있을지에 대한 불안함이 있었다. 상담 결과, 현재 거주하는 전셋집에 대해 만족하고 있었고, 집주인이 3000만 원 정도만 올려주면 재연장도 가능하다는 답변도 받은 상황이었다.

전세 재연장과 내 집 마련이라는 두 선택의 기로에 놓인 상황이었는데, 당시 부동산 시장이 약보합장으로 내 집 마련도 나쁘지 않은 시기라 판단했다. 회원님은 내 집 마련을 투자 측면보다는 실거주 만족에 좀 더 높은 비중을 두어 회사 인근 소형 구축 아파트 매입을 생각하고 있었지만, 나는 부동산이 재산에서 차지하는 비중이 절대적으로 많기 때문에 미래가치도 고려하여 장기적 시각에서 내 집 마련을 해야 한다는 의견을 드렸다.

현재 전셋집을 재연장해 전세자금 대출 80%를 받으면 2억 정도의 예산에 현금 7000만 원까지 합쳐 총 2억 7000만 원을 마련할 수 있으니, 장기적 관점에서 광명 재개발 투자를 제안하였다. 광명 재개발은 1~16구역까지 대규모 진행 사업으로 인근 철산주공의 재건축까지 진행된다면 서울 접근성이 뛰어난 신도시급으로 거듭날 것이라 판단해 현재 가용예산과 재개발 진행단계를 고려해 광명 재개발 중에서도 '관리처분인가'를 앞둔 5구역을 추천드렸다. 5구역은 3000세대 규모의 대단지에 광명사거리역 역세권 단지로 비교적 저렴한 가격에 높은 미래가치가 예상되었기 때문이다.

함께 매물을 확인하는 과정에서 프리미엄을 좀 더 주더라도 향후 30평대 배정이 가능한 매물로 리스트를 추렸고, 열심히 매물을 찾는 과정에서 조합원 감정가 1억 7000만 원, 프리미엄 1억 7000만 원의 급매물이 나왔다. 당시 부동산 시장의 분위기는 좋지 않은 상황이었고, 회원님의 부족한 자금 사정도 잘 말씀드려서 약간의 가격 조정과 매도자분이 이주 시까지 전세 8000만 원에 사는 조건으로 예산범위 내에서 해당 매물을 매입할 수 있었다.

매입 1년 후, 이사비와 이주비 대출로 매도자분께 전세금을 반환해드릴 수 있었고, 최근 30평대의 프리미엄이 4억 정도 형성되어 실거주와 투자를 동시에 할 수 있을 것 같다며 예산 관련 재상담을 신청해주셨다.

이주 완료 후 입주까지 3~4년이 남았고 입주를 위한 추가분담금이 3억 정도 필요한데, 두 분이 입주를 위해 이전보다 더욱 생활비를 절약해 급여 대부분을 저축하고 있었고 여기에 담보대출과 신용대출까지 고려해 계산한 결과 입주를 위한 예산 스케줄에 차질이 없었다. 상담이 끝나고 안도하며 행복해하는 부부를 보니, 내 집 마련 시절이 생각나 큰 보람을 느낄 수 있었다.

수도권 상급지로
갈아타기

연령: 30대 후반, 맞벌이 부부

거주지: 용인/ **근무지:** 판교, 용인

상황: 수지구청역 인근 20평대 자가 아파트에서 거주 중. 인근에 있는 판
교나 광교 등 상위 지역 30평대로 갈아타기를 원함.

예산: 용인 아파트 시세 5억, 현금 2억, 신용대출 2억

남편은 판교 IT대기업에서 근무하고, 아내는 용인에서 교사로 재직 중
인 고소득 30대 맞벌이 부부 회원님과 진행했던 상담(2019년 3월) 건이다.
현재 아파트가 신분당선 역세권으로 출퇴근하기는 용이하지만, 아이들
이 크면서(3세, 5세) 평수를 늘려 이사 가기를 원했다. 또한 거주 중인 집

이 최근 몇 년간 상승했지만 향후 특별한 개발호재가 없어 실거주 및 투자 측면에서 현재 금융자산과 대출을 최대한 활용하여 상위 입지로 갈아타기를 희망하고 있었다. 그래서 광교와 판교를 중심으로 타깃 매물을 정해 비교해나갔다.

목표 단지	광교 자연앤힐스테이트	판교 동판교 봇들마을 1, 2, 4단지
시세	9억대 초중반	9억대 중후반
장단점	- 단지 컨디션, 조경 우수 - 대장주 아파트로 학군과 단지 앞 지하철 및 버스 환승센터가 있어 교통 편의성이 좋아 수요층이 탄탄하다.	- 강남 접근성과 GTX 호재 등 입지가 좋다. - 동판교의 메인단지가 아니다. 지하철까지 거리가 멀고, 학군도 비교적 떨어져 실수요 측면에서 동판교 내에서 후순위로 여겨지는 곳이다.
담보대출	실거주 시 광교는 조정지역으로 LTV 기준 60% 대출 가능	투기과열지구로 LTV 기준 40%만 대출 가능

두 분의 고민에 충분히 공감되었고, 상급지 갈아타기에 대해서는 적극 동의하였다. 당시 부동산 시장도 조정기에 있었기에 급매를 잡기도 좋은 상황이었다. 두 지역이 모두 장단점이 있기에 미래가치 측면에서는 비슷할 거 같아, 현재 예산상 무리하게 거주 중인 집을 팔아 판교로 갈아타는 것보다 수지 집은 전세를 주고 광교로 갈아탄 후 부동산 시장이 좋아질 때 일시적 2주택으로 매도하는 것이 유리할 거라 말씀드렸다.

두 분도 내 의견에 동의하셨고, 타깃 단지인 광교의 매물을 열심히 찾던 중 지금 거주하시는 곳 인근에 입주를 앞두고 있는 성복역 롯데캐슬 골드타운이 눈에 들어왔다. 당시 저층이지만 프리미엄 2억을 포함하여 7억대의 가격으로 35평 매입이 가능했다. 급히 현재 집에서도 가깝고 인근 신축 대장주 아파트가 될 것이라며 추천해드렸다. 주상복합이라 용적률과 실제 면적의 차이, 환기의 불편함 및 저층이라 조망이나 일조의 불리함 등 단점도 많지만, 요즘 트렌드인 대단지 신축이며 단지 내에 롯데몰도 품고 있는 등 장점들이 많아 가성비에 있어 광교보다 앞설 것이라 생각했다.

두 분은 내 의견을 듣고 충분히 고민 후 처음 생각했던 광교와 판교가 아닌 성복역 롯데캐슬골드타운으로 최종 결정을 하게 되었다. 7억대였기 때문에 예산계획에 있어서도 훨씬 더 여유가 있었고, 현재 거주 중인 단지와도 가까워 가벼운 마음으로 이사를 준비할 수 있었다.

1년이 지난 현재 이 단지의 가격은 13억을 호가하고 있으며, 투자 측면에서도 우수했지만 회원님이 실거주 측면에서도 높은 만족도를 느낀다고 하였다. 추가로 전세로 돌렸던 수지의 20평대 아파트 또한 상담 끝에 2020년 초 6억 이상을 받고 비과세로 매도해 많은 추가금 없이 성공적으로 갈아타기를 할 수 있었다.

대전에서
서울로 갈아타기

연령: 40대 중반, 전문직

거주지: 대전

상황: 대전의 아파트 가격이 많이 올라 매도 후 서울 강남 지역으로 갈아타기
　　　를 원함.

예산: 대전 아파트 시세 13억, 현금 6억, 신용대출 4~5억

자가인 대전 둔산동의 대장주 아파트 40평대에 거주하는 전문직 회원님
과 진행했던 상담(2020년 3월) 건이다. 월 소득이 높은 편으로 부동산 투자
에 관심이 없었다가, 최근 거주하는 대전의 아파트 가격이 많이 올라 돈
을 보태 서울 강남 아파트로 갈아타기 한 후, 대전에 전세로 사는 것에 대

한 상담을 신청해 주셨다. 현재 아파트에서 자녀들을 교육시키며 10년 이상 거주했고, 자녀들이 향후 서울에서 자리 잡을 확률이 높다 판단해 5~6년 후에는 서울로 이사하는 것도 고려 중이라 하였다.

지금 거주하는 아파트가 13억 이상을 호가하고 있었고, 담보대출도 없는 상태였기에 예금 6억까지 고려하면 강남 갈아타기는 충분히 가능할 거 같았다. 향후 장기적으로 부동산 시장이 양극화되면 대전보다 서울 강남권이 더욱 가치가 높아질 것이라 생각해 회원님께 갈아타기를 적극 권장해드렸고 상담을 통해 갈아타기에 대한 결심을 확실하게 굳히게 되었다.

회원님은 당장 서울 실거주가 필요 없었고, 동원 가능한 현금 자산도 많은 편이었기에 기축보다는 신축으로 변모할 재건축을 추천드렸다. 서울 이주 시기도 고려해야 했기에 5~6년 내에 입주 가능한 물건을 찾아보기 시작했다.

당시 강남의 부동산 시장이 약세장이었고, 특히나 재건축 시장의 경우 분양가 상한제 및 초과이익 환수제 등 정부의 여러 규제로 인해 더욱 위축된 상태였다. 강남권의 여러 재건축 단지를 비교 분석하였고, 최종적으로 초과이익 환수제를 피한 단지 중 향후 6700세대의 대단지로 강남권 랜드마크로 거듭날 개포 1단지를 추천드렸다. 당시 개포 1단지는 강남 재건축 시장 자체가 위축된 상황에 분양가 상한제까지 피하기 힘들다는 말이 나오면서 급매물이 나오고 있었던 상황이었다.

회원님은 의견을 적극 수용하여 발 빠르게 움직였고, 33평을 신청한 15평 매물을 급매로 19억대에 매입할 수 있었다. 이 매물의 경우 입주 시 추가분담금도 9000만 원 수준으로, 총 20억 정도로 향후 강남 랜드마크가 될 30평대 아파트를 매입할 수 있었다.

입주 시 충분히 25억 이상의 시세는 형성할 것이기에 투자 측면에서도 우수할 뿐 아니라, 향후 있을지 모를 서울 이주계획도 고려한 넉넉한 일정이라 대전에서 강남 메인 단지로 갈아타기를 매우 만족스럽게 완료할 수 있었다.

수도권에서
서울로 갈아타기

연령: 40대 초반, 맞벌이 직장인

거주지: 수원/ 근무지: 양재, 강남

상황: 수원 광교와 화성 동탄 아파트 2채 보유. 최근 가격이 많이 올라 모두
　　　매도 후 서울 잠실 지역으로 갈아타기 고려 중.

예산: 광교 아파트 시세 12억, 동탄 아파트 시세 6억, 현금 1억, 신용대출 3억

동탄과 광교의 30평대 아파트 2채를 보유하고 있는 회원님의 상담 건
(2020년 2월)이다. 동탄에서 2년 전 광교로 갈아탔는데 동탄은 올해까지
매도 시 양도세는 비과세였고, 광교도 2년 이상 거주해 동탄 매도 후 비
과세로 매도 가능한 상황이었다. 부부는 직장이 양재와 강남에 있어서 이

번 기회에 2채를 모두 처분하고 회사 인근에 생활 인프라가 좋은 잠실 지역 갈아타기를 고려하고 있었다.

당시 정부의 12·16대책으로 강남권은 약세인 반면, 경기 남부는 풍선 효과로 강세장이 지속되며 갈아타기에는 적합한 상황이었다. 특히 동탄의 경우 입주 10년차가 넘어가며 구축화되고, 주변에 2동탄 등 신축 물량도 많아 이번 상승장에 양도세 비과세로 매도하는 것을 적극 권장해드렸다. 회원님도 의견에 동의하여 상담 후, 한 달 내에 동탄 아파트 매도 계약을 진행해 전세보증금을 제외하고 3억 원 정도 현금 확보가 되었다.

매도 후에도 강남쪽은 계속 약세장이 지속되고 있었고, 세금 폭탄도 예고된 상황이었기에 회원님께 4~5월 정도 세금 절세를 위한 급매물이 나올 확률이 높고, 특히나 12·16대책으로 강남권 15억 초과 아파트는 대출까지 막히니 매수 시기로는 좋을 거라 말씀드렸다. 다만 입주 시 담보대출이 안 되기 때문에 자금계획 고려 시 광교아파트 처분 후 신용대출까지 감안해도 16억이 최대였다. 이 자금으로는 급매 가정 시 잠실 엘스 20평대와 파크리오 30평대 정도가 가능한 상황이었다.

회원님의 4인 가족 실거주 고려 시 입지적 우위에 있는 엘스 20평대보다 넓게 생활하면서 향후 인근 재건축 단지 호재도 있는 파크리오 30평대를 추천해드렸다. 회원님도 계속 30평대에만 살아오셔서 20평대로 줄이는 것에 대해 거부감이 있어 파크리오 30평대 갈아타기로 목표를 정해 과감하게 광교에서 잠실 갈아타기를 결정하였다. 당시 광교의 상승세가 좋았던 상황이라 높은 호가로 내어놓았음에도 불구하고 매수 문의가 있었고, 잠실은 급매가 나오기 시작해 빠른 잔금조건으로 파크리오 30평대 급매를 15억대로 잡을 수 있었다. 다만 매수한 파크리오는 세입자 만기가 남아 있어 바로 입주하기가 힘든 상황이라, 전세입자 만기 시까지 현재 거주 중인 광교에 전세를 사는 조건으로 매도를 진행하게 되었다.

불과 3개월 만에 2채를 매도하고 1채를 매입하기 위해 (15억 초과 주택이라) 대출이 막혀 신용대출을 최대치까지 활용해야 할 지도 모르는 상황이라 과감한 결단이 필요했다. 그럼에도 불구하고 멘토의 조언, 회원님의 적극적인 행동력, 타이밍까지 더해져 성공한 사례였다.

5장

흙수저의
경제적 자유
프로젝트

내 집 마련 이후

6년 전 세웠던 '내 집 마련'이라는 목표를 이루고 나니 한동안은 구름 위를 걷는 기분이었다. 그러나 얼마 지나지 않아 또 다른 고민이 싹 트기 시작했다.

> "우리 세 식구 살 소중한 집을 마련했으니
> 부동산 투자는 이제 멈춰야 하는 걸까?"

당시 정책 방향은 상승하는 부동산 가격의 안정화를 목표로 부동산 규제책(대출 규제, 보유세 강화)이 발표되고 있었다. 당분간 아파트 투자는 쉽지 않겠다는 생각이 들었다. 지금까지 나름 큰 수익을 거둔 부동산 투자였는데, 앞으로도 계속 하는게 맞을까? 고민 끝에 내린 결정은 'Go!'였고, 이 투자를 이어나가기 위해 나는 다음 2가지 질문에 대한 답을 찾기 시작했다.

"왜 계속 부동산 투자를 해야 하는가?"

지금껏 항상 자본이 부족했기에 하루하루 직장에서 치열하게 살아내기 바빴다. 하지만 내 집 마련 이후, 어느 정도 삶의 여유가 생기니 내 상황을 조금은 객관적으로 돌아볼 수 있게 되었다.

금융환경의 변화로 내가 몸담고 있는 금융권은 구조조정이 진행되고 있었고, 점차 평생직장이라는 개념이 사라지고 있었다. 아직은 30대 중반밖에 되지 않아 회사에서의 미래가 크게 부정적이진 않았지만, 10년 후에는 구조조정 대상이 될 지도 모르는 일이었다.

현재 내 삶의 소득 1순위는 절대적으로 '근로소득'인 것에 반해, 부자들의 소득 1순위는 근로소득이 아니라, 시간 투입이 훨씬 적으면서도 소득은 더 많은 부동산 임대소득이나, 금융소득의 비중이 높았다. 그래서 그들은 '일' 외에도 다른 가치 있는 것들에 많이 시간을 쓸 수 있었다. 이를 보면서 나 또한 그들처럼 되고자, 다음 목표를 '부동산을 통한 경제적 자유'로 설정했다. 즉 근로소득 이외에도 리스크 분산과 경제적 자유를 위해 또 다른 현금 흐름을 만들고자 했던 것이다.

"어떻게 부동산 투자를 해나갈 것인가?"

큰 그림은 부자들의 포트폴리오를 벤치마킹하며 스케치할 수 있었다. 부자들의 자산에서 가장 큰 비중을 차지하는 건 부동산이지만, 세부적으로 보면 아파트(주택)가 차지하는 비중은 그리 높지 않았다. 아파트는 대부분 실거주 목적으로 한두 채 정도 갖고 있고, 나머지는 건물, 상가, 오피스텔 등 시세차익과 현금 흐름을 동시에 가져갈 수 있는 종합형 부동산이었다.

목표는 세웠지만, 내 집 마련 때와는 비교도 안 될 만큼 훨씬 더 많은 어려움이 따를 것 같았다. 돈도 문제였지만 무엇보다 회사를 다니면서 이 모든 걸 혼자 처리하기가 쉽지 않아 보였다. 그렇게 고민과 시름이 깊어지던 중 난 운명적으로 글귀 하나를 접하게 되었다.

"빨리 가려면 혼자 가고, 멀리 가려면 함께 가라."

혼자서는 힘들어 보이는 길이지만, 뜻이 맞고 믿을 수 있는 동료들과 함께라면 가능할 것 같았다. 한 배를 탈 파트너로 회사 동료인 '부동삶'과 '자수성부'가 떠올랐다.

'부동삶' 형은 나와 같은 흙수저 출신으로 일찍이 부동산 투자쪽에 깊은 관심을 갖고 있었다. 재개발, 재건축, 토지, NPL, 경매 상가, 금융상품 등에 관한 이론은 물론 탁월한 투자판단 능력까지 두루 갖추고 있어 이

전부터 서로 부동산 투자를 할 때마다 조언을 구하며 호흡을 맞춘 동지다.

'자수성부'는 금융공학을 전공했다. 사내 여러 시스템 개발 업무를 맡고 있는데 데이터 분석과 처리, 디테일한 기획 능력까지 겸비해 우리의 부족함을 채워 완벽한 합을 맞출 수 있는 친구라 생각해 함께하게 되었다.

우리가 한 팀이 될 수 있었던 가장 큰 이유는, 모두 현재에 만족하기 보다는 더 가치 있는 삶을 위해 '경제적 자유'라는 큰 꿈을 꾸고 있었기 때문이었다. 그렇게 혼자만의 목표였던 '부동산을 통한 경제적 자유'는 이제 우리 셋 공동의 목표가 되었다.

누구든 해낼 수 있다!
건물주 되기

수년간 많은 부자들을 만나보니 결국 부동산의 종착지는 '건물'이었다. 왜 자산가들의 부동산 투자가 건물로 귀결될까? 이유는 저마다 달랐지만 그들의 이야기로부터 공통점을 찾을 수 있었다.

1. 높은 레버리지를 통한 수익률 극대화와 추가 투자 기회

'레버리지를 통한 수익률의 상승'은 앞서 충분히 언급했기 때문에 추가 설명은 생략한다. 현재 정책상 주택에 대한 대출은 더욱 까다로워지고 있지만 상업용 건물은 아직까지 대출 받기가 용이하다.

만일 규제 지역에 15억짜리 아파트 2채를 산다면 대출이 얼마나 나올까? 2020년 6·19대책 기준으로는 15억 초과 아파트의 담보대출은 불가능하다. 하지만 전체 면적 중 주택면적보다 비주택면적이 넓은 상업용 건물의 경우, 건축이나 매매 시 감정평가를 받으면 최대 80%까지도 대출이 가능한 경우가 있다.

1년 후 두 사례 모두 40억으로 가치가 상승한다면 수익률은 얼마나 차이가 날까?

물 건	매입가격	대출금	자기자본	대출이자(3%)	매도가격	수익률
아파트 2채	30억	-	30억	-	40억	33%
건물		24억	6억	7200만 원		155%

레버리지 차이에 따른 수익률 차이

위 표에서 볼 수 있듯 레버리지 여부에 따른 수익률 차이는 무려 4배 이상 날 수 있다. 그러나 수익률보다 더 큰 차이는 아파트 투자에 비해 건물 투자 시 얻게 될 24억이라는 여유자금이다. 이 24억 원의 자본으로 또다시 레버리지를 활용하여 한두 건의 투자를 더 성사시킬 수 있다면 수익률의 차이는 더욱 벌어지는 것이다.

자산가들은 이처럼 주택 대출 규제를 피하고, 높은 레버리지를 통한 ① 낮은 자기부담률 ② 그에 따른 높은 기회비용 ③ 높은 수익률 이 3가지 이점을 취하기 위해 최근 몇 년간 더욱 미래가치가 높은 지역의 건물 투자로 눈을 돌리고 있다.

2. 온전한 내 땅의 가치

부동산의 가치는 결국 '땅의 가치'다. 강남 시내 한복판에 있는 50평짜리 초가집과 서울 변두리에 있는 50평 고급주택 1채 중 어떤 게 가치가 더 높을까? 건물은 거들 뿐 결국에는 땅이다. 그래서 땅을 온전히 소유한다는 것이 큰 차이를 만들어낸다. 이 한정된 땅, 그리고 그중에서도 '좋은 땅'을 소유하고 있다는 건 엄청난 희소성이 있기 때문이다.

3. 높은 활용 확장성

좋은 입지의 아파트가 있다. 누군가 여길 매입한다면 그 이유는 딱 2가지다. 편리한 거주환경과 향후의 시세 차익!

이번엔 좋은 입지에 상가건물이 있다. 누군가 여길 매입한다면 그 이유는 좀 더 많을 수 있다. 시세 차익과 높은 임대수익, 본인이 직접 운영할

수리 전   **수리 후**

리모델링 건물 투자 사례(출처: 다음지도)

수도 있고, 건물을 리모델링하여 가치를 올릴 수도 있다. 앞서 건물은 거들 뿐이라 했지만, 건물을 어떻게 활용하느냐에 따라 다양한 가치를 창출해내기도 한다.

부동산 가치의 결정 요인

부동산의 가치는 결국 '건물의 가치, 땅의 가치, 지역(입지)의 가치'에 의해 결정된다. 그런데 여기서 땅의 가치와 지역의 가치를 개인이 높이기는 매우 어렵다. 그렇다면 건물의 가치는? 경우에 따라 건물의 가치를 통제할 수 있고 큰 수익으로 만들어낼 수 있다. 그리고 이는 큰 수익으로 이어진다.

투자의 목표는 결국 '최대 이익'이다. 주식이든 채권이든 금이든 소유자는 상황의 변화 혹은 희소성의 증가 등으로 인한 그 물건의 미래가치 상승에 베팅할 뿐이지, 그 가치를 직접 만들어낼 수는 없다. 그런데 유일하게 부동산, 그중에서도 '건물'은 투자자가 직접적으로 가치를 상승시킬 수 있기 때문에 부자들이 결국 '건물 투자'로 움직이게 되는 것이다.

자금계획 및 향후 현금 흐름 계획하기

'건물주'라는 목표를 잡았던 것까지는 좋았는데, 큰 산 2개가 버티고 있었다. 첫째, 경험의 부재. 이 부분은 방법이 없었다. 산악인들이 에베레스트같이 험준한 산을 오르기 전, 그 산의 지형과 기후, 예상되는 돌발상황 등을 다각도로 분석하고 시뮬레이션하듯, 주위에 전문가나 멘토가 없다면 공부를 통해 부족한 부분을 최대한 채워야 한다.

둘째, 자금의 문제였다. 큰 산을 오르기 위해 필요한 좋은 장비가 당장 없으니 부족한 대로 대체할 장비를 구하고, 그래도 부족하다면 오를 산을 조금 낮춰 잡아야 했다. 그래서 우리는 처음부터 가격도 비싸고, 대출도 힘든 서울은 목표 지역에서 제외하였다. 그리고 건물 취득 방법 역시 비용과 경험이라는 이점 모두를 취하기 위해 기존 건물의 매입이 아닌 직접 건축을 결정했다. 이렇게 방향을 잡고 난 뒤, 우리의 첫 번째 미션은 최소한의 비용으로 입지가 좋은 땅을 매입하는 것이었다.

1. 실패 없는 지역 선정 방법

부동산의 가치를 결정하는 가장 큰 부분은 '땅'이기 때문에 우리는 땅 선정에 많은 에너지를 쏟았다. 서울을 제외하더라도 서울 접근성은 중요한 부분이라 수도권 여러 지역에 손품과 발품을 팔면서 찾아다녔다. 자산가들은 판교와 광교가 조성될 당시 상가주택 건축으로 10억 이상의 매매차익을 실현한 경우가 많았다.

〈상가주택을 지었을 때 성공할 수 있는 지역의 조건〉

1. 주변의 풍부한 일자리를 배후로 한 자급자족적 도시

2. 해당 지역의 랜드마크 주거지 인근

3. 서울과의 접근성

수많은 수도권의 후보지들을 돌아봤지만 좋은 곳은 매우 비쌌고 저렴한 지역은 우리 자산을 올인할 만큼 미래가치에 대한 확신이 서지 않았다. 그러던 중 대규모 일자리가 창출되고, 이에 따라 인근 지역에 수많은 협력업체까지 들어서는 곳을 찾을 수 있었다. 해당 지자체는 행정타운 및 예술의 전당 등 문화시설까지 개발하여 생활 인프라를 갖춘 명품 주거지 만들기에 사활을 걸고 있었다.

미래 성장 가치에 비하면 현재 저평가가 되어 있다는 확신이 들었다. 그래서 우리는 최종적으로 개발속도가 가장 빠르고 개발 시 손실이 없을 만한 택지를 매입하였다.

2. 시작부터 수익을 만드는 땅 찾기

'기왕이면 다홍치마'라고 당연히 같은 값이면 더 좋은 것을 사야 한다. 단순히 입지 조건이 동일한 토지 8필지를 가정해보자. 각 필지의 면적은 300㎡이고, 평당 시세는 1500만 원으로 상권 등 모든 조건이 비슷하다고 가정하자. 토지만 놓고 본다면 입지 조건이 같을 수 있겠지만, 이 8개의 토지 위에 지어질 건축물을 놓고 본다면 그 결과물에는 차이가 날 수 있

다. 건축법시행령 31조와 86조로 인해 건축에 제한되는 경우가 있기 때문이다.

건축법시행령 31조에는 가각전제(街角剪除) 즉, 도로 교차지점의 차량 출입이 용이하도록 너비 8m 미만인 도로에 접하고 있는 건축물(꼭짓점 기준)을 도로와 일정 거리를 두고 지어야 한다는 내용이 있다.

위치별 토지의 평단가 차이

도로의 교차각	해당 도로의 너비		교차되는 도로의 너비
	6m 이상 8m 미만	4m 이상 6m 미만	
90도 미만	4m	3m	6m 이상 8m 미만
	3m	2m	4m 이상 6m 미만
90도 이상 120도 미만	3m	2m	6m 이상 8m 미만
	2m	2m	4m 이상 6m 미만

도로 교차각에 따른 가각전제의 기준

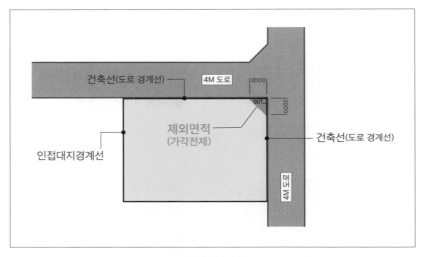

가각전제의 사례

건축법시행령 86조는 일조권 등의 확보를 위해 높이 제한을 규정한 법률로, 높이 9m를 초과하는 부분은 인접 대지경계선으로부터 해당 건축물 각 부분 높이의 2분의 1을 이격시켜야 한다는 내용이다.

앞 사례에 두 시행령 조항을 대입해 보면, 입지상으로는 동일 조건이라 하더라도 어떤 필지가 가장 값어치가 높은지 알 수 있다. 바로 일조권과 가각전제의 제한이 없는 ⑦번 필지다. 100평의 토지를 온전하게 이용할 수 있어 ⑧번 필지에 비하면 평당 2300만 원 정도를 저렴하게 매입한 셈이 된다. 그런데 여기 5개층 건물이 지어진다면? 그 차이는 더욱 커진다.

북쪽 방향에 주택이 있는 경우

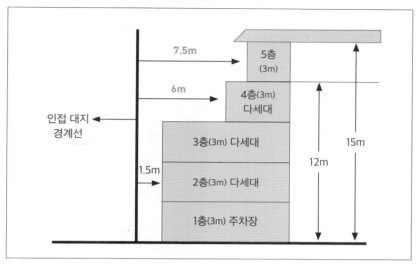

북쪽에 도로가 있는 경우

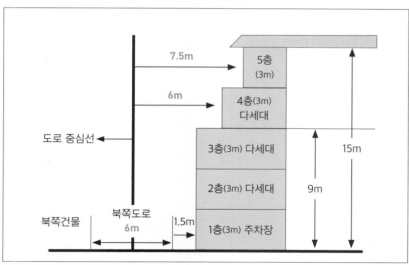

일조권 사선제한의 적용방식

전체 토지 시세: 10억 가정								
해당 지번	1	2	3	4	5	6	7	8
면적(평)	100	100	100	100	100	100	100	100
평당 시세(만 원)	1000	1000	1000	1000	1000	1000	1000	1000
손실 면적	10	20	30	40	50	60	-	70
평당 실시세(만 원)	1111	1250	1428	1667	2000	2500	1000	3333

※ 평당 실시세=10억÷(면적-손실면적)

이런 상황은 건축비에서도 똑같이 적용된다. 건축에 대한 기본 지식이 갖추어졌다면, 남들이 보지 못한 비용을 절감할 수 있고 이는 추가수익으로 돌아온다. 즉, 공사 시작 전부터 수익을 만들어내는 것이다.

3. 수익률로 연결되는 레버리지를 활용한 자금계획

'무피투자'라는 말을 들어보았는가? 무피투자는 '피를 흘리지 않는 투자'라는 부동산 은어다. 통상적으로는 전세가와 매매가의 차이가 거의 없을 때 급매로 매입하여 수리 후 좋은 가격의 전세를 맞춰 최종적으로 자기자금 투입 없이 집을 가질 수 있는 투자방법을 말한다. 향후 집값 상승

매수금액	담보대출 (2.6%)	신용대출 (3.6%)	대출이자 (연)	월세 임차	총 계
2억 5000만 원	1억 7000만 원	8000만 원	730만 원	보증금: 1000만 원 월세: 840만 원	자기자본: 0원 수익: 연 110만+시세 차익

및 전세가 상승을 가정한 투자전략으로 추가 전세금이나 매매 차익으로 이익을 낼 수 있다.

전세가 아닌 대출 및 월세를 통한 무피투자 사례도 있다. 과거, 담보대출 한도가 LTV 70%, 거치까지 가능하던 시기에 낮은 이자로 대출 받아 집을 매입해 이자 이상의 월세를 맞추어 부동산을 늘려가는 방식이다.

매수금액 (시세 2억 5000만 원)	수리비	전세금액 (시세 2억 3000만 원)	자기자본	2년 후 차익 (매매:3억, 전세:2억 8000만 원)
급매: 2억 3000만 원	1000만 원	2억 4000만 원	0원(무피투자)	매매 :6000만 원 전세:4000만 원

그러나 현재는 매매가의 상승으로 전세가와 갭이 많이 벌어졌고, 월세 방식도 규제가 강화되어 대출이 쉽지 않으므로, 일반 주택으로는 이런 구조를 만들기는 힘들어졌다.

하지만 건물은 어떨까? 높은 대출한도를 통한 최소 자본 투자, 임대수익을 통한 대출이자 상계, 추후 시세차익까지 여전히 매력적인 투자가 가능하다. 이제 우리는 최대 수익을 내기 위해 할 수 있는 일에 집중하기로 했다.

수익 극대화를 위해 건물을 짓기로 방향을 잡은 뒤에는 건물 임차를 통한 수익구조를 분석했다. 이 부분은 수백 번을 강조해도 지나침이 없다. 자금이 넉넉지 않은 상황에서 잔금 지급 연체, 수익이 아닌 손실 구조의 투자 등 잘못된 분석은 실패로 이어지기 때문이다.

수익 구조를 분석할 때는 시장조사를 통해 해당 지역의 시세를 파악하고, 건축 시 제공 가능한 세대수로 월 수익을 산출해보면 된다.

(단위:만 원)

층별 구성	세대수	전용면적(㎡)	보증금	월세	관리비	합계
상가 1층	1	100	10000	450	50	500
주택 2층	1	100	3000	80	20	100
주택 3층	1	100	3000	80	20	100
주택 4층	1	100	3000	80	20	100
주택 5층	1	100	3000	80	20	100
합계	5	500	22000	770	130	900

월 수익을 기준으로 건축비, 대출금, 대출이자, 세금 등 부채와 비용까지 고려해서 예상 기대수익률을 내본다.

① [((월세 - 이자) × 12개월) / (실투자금 - 보증금)] × 100 = 투자수익률
② 실투자금 = [((월세 - 이자) × 12개월) / 투자수익률] + 보증금
③ [((770만 원 - 200만 원) × 12개월) / 5%] + 2억 2000만 원 = 15억 8800만 원
④ 토지비 + 건축비 + 기타비용 등 < 15억 8800만 원

계산 결과, 토지와 건축까지 합처 15억 8800만 원 이하로 해결이 된다면, 무피투자로 건물주가 될 수 있었다. 그래서 우리는 세금 등 부가비용

을 합산한 취득원가를 15억 8800만 원 이하로 할 수 있도록 계획을 세우고, 급매로 나온 토지 매입과 건설사와의 협의를 통해 건물 완공까지 최종 투입비용을 합리적으로 맞추었다.

토지 매입과 건축, 임대까지

예술이란, 특별한 재료, 기교, 양식 따위로 감상의 대상이 되는 아름다움을 표현하려는 인간의 활동 및 그 작품을 의미한다. 그런 의미에서 사람의 삶이 담길 공간을 구현해내는 건축 활동은 투자를 넘어 예술이라 칭할 만하다. 그래서 건축물을 보면 건물주의 고민과 노력, 생각을 느낄 수

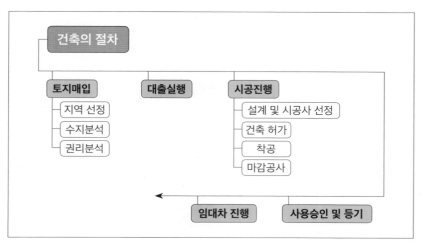

건축의 절차

있다.

우리 역시 첫 건물이 임차인들에게 충분히 매력적인 공간이길 원했기 때문에 토지 매입부터 설계, 시공사 선정, 착공, 실공사까지 꼼꼼히 모든 부분을 체크하며 진행했다.

1. 토지 매입 절차

토지를 매입할 때 가장 중점적으로 봐야 할 부분이 1층 상가를 돋보이게 만들 수 있는지 여부다. 그래서 1층 상가가 활성화될 수 있는 입지면서도 가각전제, 일조권, 주차대수 산정 등을 고려해 토지의 온전한 사용으로 최대 수익이 나올 수 있도록 건축해야 한다. 특히 주차대수 산정은 1층 상가 면적에 직접적인 영향을 주기 때문에 더욱 중요하다.

예를 들어, 용도지역이 일반상업지역인 대지에 1층은 근린생활시설, 2층과 3층은 2종근린생활시설, 4층과 5층을 숙박시설로 5층짜리 건물을 신축한다고 가정해보자. 각 층의 바닥면적이 $200m^2$라고 가정했을 경우 필요한 주차대수는?

1종 근린생활, 2종 근린생활시설에 대해 $200m^2$당 1대라고 한다면 1층에서부터 3층까지 총 $600m^2$로 3대가 필요하다. 1종, 2종 근린생활시설이 동일하게 $200m^2$당 1대이므로 4층과 5층에도 각각 1대씩의 주차장이 필요하다. 결론적으로 각 층마다 1대씩 총 5대의 주차장이 있어야 한다.

일반 주차장이 너비 2.5m와 길이 5.1m 이상인 점을 감안하면 약 19평이 주차장으로 사용된다. 만약, 이를 고려하지 않고 숙박시설 $100m^2$당 주차대수가 1대인 지역의 토지를 매입했다면 주차장이 2대(4층과 5층의 시설면적 400㎡)가 추가되어 1층 상가의 전용면적이 감소될 수 있다.

그리고 또 하나! 토지 매입 시에는 그 소유권(사용, 수익, 처분의 권한)이 어느 하나 침해되지 않는 상태여야 한다. 이는 계약 시 권리를 행사할 수 있는 상태를 조건으로 진행하면 큰 무리는 없다. 우리가 토지 계약 시 주의했던 사항들을 공유해본다.

· 토지 계약 시 주의했던 사항

① 토지상에 무허가건물, 창고, 농작물이 있을 때에는 토지 소유자와 동일인인지 확인한다.
  → 소유자가 다른 경우, 지상물을 해결해주는 조건으로 진행한다.
② 매입하려는 토지가 맹지인 경우에는 건축허가가 되는 것을 조건으로 진행한다.
  → 일반적으로 매입토지의 폭이 4m 이상인 도로에 2m 이상 접해야 건축 가능하다.
③ 지적도상의 도로와 현황상의 도로가 일치하는지 확인한다.
  → 현실에는 도로가 있지만, 건축허가 시 해당 도로를 인정해주지 않는 경우가 있다.
④ 토지가 유실되거나 실제 측량 시 면적 차이가 나는 경우 매매계약 해제 조건으로 진행한다.
  → 면적에 따라, 상가와 객실의 면적이 달라져 실제 수익률에 영향을 미친다.
⑤ 계약 후 측량 실시, 면적이 달라서 계약을 해제하는 경우 측량비용은 매도자가 부담한다.
  → 비용 청구에 대한 분쟁 발생 시 신속하게 해결 가능하다.

2. 건축의 꽃, 대출 실행

대출은 토지 매입 때부터 고려해야 한다. 각자의 자금 상황에 따라 우선순위는 달라질 수 있겠지만 '한도-거치기간-금리의 순서'로 살펴보자. 더 나은 조건의 대출을 찾기 위해 각 금융기관의 대출 정보를 수집하고 비교해 최종 금융기관을 선택해야 한다. 금융기관 방문 전, 직접 대출한도를 산출해보자. 건물 대출의 경우 심사역 개인의 주관적 판단 등이 개입될 여지가 있다. 그래서 내 건물에 대해 적정 한도와 금리 산정에 충분한 논리를 갖고 있으면 금융기관에서 제시한 조건 그대로를 수용하는 것이 아니라 심사역과의 논의를 통해 조금이라도 더 유리한 결과를 이끌어 낼 수 있다. '담보인정비율로 산정한 한도'와 '차주의 상환 능력을 고려한 소득한도' 중 적은 쪽이 대출의 최종 한도이다. 사실 담보인정비율은 대부분 비슷하고 계산 방법도 '담보가치×담보인정비율'로 간단하기 때문에 담보가치를 최대한 높이는 쪽으로 알아봐야 한다.

• 담보가치를 높이는 방법

1단계. 재산세 및 공시지가 상승지역을 선택하라.
  - 보유세가 상승 추세에 있는 지역은 시세도 오른다.
2단계. 매수자 입장을 고려하여 제대로 건축하거나 수리하라.
  - 소유자의 개성보다 시장의 수요자가 바라는 방향으로 건축해야 인기가 많다.
3단계. 1층 상가는 매력적인 업종으로 유치하고, 수익률이 높도록 임차를 세팅하라.
  - 사람의 시선은 건물 1층에 큰 비중을 두기에 1층이 매력적이어야 한다.
  - 월세 수익률에 따라 건물 가치가 결정되기 때문에 임차 수익률을 높여야 한다.

4단계. 감정평가업체 방문 시 건물의 장점에 대해 적극적으로 어필하여 감정평가가 잘 나오도록 협의하라.
 - 건물은 감정평가를 통해 최초 시가가 결정되기 때문에 담당 직원 및 감평사와의 협의는 매우 중요하다.

소득한도는 차주의 소득과 부채 현황, 상환 가능한 대출금액의 범위를 파악하는 것으로 다음과 같이 DTI와 DSR을 통해 산정한다.

구분	DTI	新 DTI	DSR
명칭	총부채상환비율	신 총부채상환비율	부채원리금상환비율
산정방식	(해당 주택담보대출 원리금상환액+기타대출 이자상환액)/연 소득	(모든 주택담보대출 원리금상환액+기타대출 이자상환액)/연 소득	(모든 대출 원리금 상환액)/ 연 소득
활용방식	대출한도 산정 시 규제비율	대출한도 산정 시 규제비율	금융회사 여신관리 과정에서 다양한 활용방안 마련 예정
소득산정	최근 1년간 소득 확인	- 최근 2년간 소득 확인 - 인정소득, 신고소득 등은 소득산정 시 일정비율 차감 - 장래소득 상승 예상 시 해당 소득 일정비율 증액 - 장기대출 시, 주기적 소득정보 갱신 등	新 DTI와 동일 기준

내 적정 한도를 산정했다면, 빠른 의사결정과 진행을 위해 대출 진행 시 금융기관에서 원하는 서류를 사전에 준비해두자.

서류명	발급처	부수	비고
매매계약서, 등기부등본	쌍방, 등기소	1부	잔금 후에는 등기로 증빙
대금완납확인서	LH등	1부	등기전 증빙, 신규택지는 LH
사업자등록증	세무서	1부	
소득금액증명원	홈텍스	1부	
금융거래확인서	대출은행	1부	기존 대출 여부 확인
도급계약서(시공)	시공사	1부	본 계약 전 도급액 확정
건축설계도면등	설계사무소	1부	설계와 동시에 시공사 협의
건축허가서	지자체	1부	설계단계에서 예측 가능
세금계산서 및 입금증	시공사	1부	기성 진행된 경우
신분증, 통장사본	금융기관	1부	
주택임대사업자등록증	지자체	1부	건축 중 등록 가능
초본, 등본, 재산입증서류	주민센터등	1부	
주택건설보증 추가 시 시공사에게 받을 서류			
납세증명원(완납)	홈텍스	1부	국세 및 지방세
건설업등록증 및 수첩		1부	
최근 1년 재무제표	홈텍스	1부	
주택건설실적확인서	대한건설협회	1부	
사업자등록증	세무서	1부	
법인인감, 법인등기	등기소	1부	
정관, 주주명부, 이사회회의록		1부	회사보관
공사 감리계약서	감리사	1부	쌍방계약

※ 각 금융기관마다 구비서류는 일부 다를 수 있음.

대출 진행시 필요한 구비서류

사전 준비 작업을 마쳤다면, 이제 실제 금융기관을 찾아다니며 쇼핑을 할 차례다. 통상 건축자금 대출은 토지와 건축비의 70~80%가 한도로 산출되는 것이 일반적이나, 금융기관마다 혹은 담당 실무자마다 기준을 달리 적용하는 경우가 있어 대출에 우호적이고 협의가 원활한 실무자를 찾아 진행하는 것이 중요하다. 우리 역시 금융기관 5곳의 대출 조건을 비교하여 LH기금 대출과 금융기관에서 건축자금 대출을 연계해 진행했다.

구 분	건축자금 대출 + LH 대출	건축자금 대출	일반 담보 대출(완공 후)
1차 한도	10억 × 80% = 8억	10억 × 80% = 8억	14억 × 60% = 8억 4000만 원
방 공제	-	-	4호실 × 3400만 원 (수도권 최우선변제금)
대출금리	2%(4실 × 6000만 원, LH) 5%(8억-2억 4000만 원, 일반)	5%	5%
최종 한도	8억	8억	7억 400만 원
연 이자	3280만 원	4000만 원	3520만 원

※ 총 공사비 10억, 감정가 14억, 상가 1호실, 주거용 4호실, 금리 5%(LH 2%, 호실당 6000만 원 보증) 가정 시
※ 1년 단위로 만기연장을 진행하는 경우, 매년 신용등급평가와 원금상환을 할 수 있으므로 철저한 관리가
필요하다.

3. 시공 진행

'건물 한 번 지으면 10년을 늙는다'라는 말이 있다. 건축 진행 과정에서 신경 써야 할 부분이 한두 가지가 아니기 때문이다. 건축의 난이도를 결정 짓는 것은 바로 '설계와 시공'이었다. 이것을 통제하지 못한다면 10년은 족히 늙어버릴 정도의 골치 아픈 일이 될 수 있다.

1단계. 설계

설계는 전문가의 영역이다. 설계 시 사실 가장 중요한 부분은 설계를 진행하는 건축가의 역량인데 문제는 건축주들이 그 건축가의 역량을 파악하기가 어렵다는 것이다. 심지어 설계적 지식이 부족하면, 역량의 결과물인 '건축도면'을 평가할 수도 없다.

아무리 전문가에게 일을 위탁한다고 해도 건축주가 제대로 알고 챙기지 못한다면 주어진 설계보다 더 나은 설계는 기대하기 힘든 것이다. 그래서 기본적인 부분은 공부해야 하며, 적어도 설계 시 다음 사항 정도는 숙지하고 있어야 한다.

항목	세부내용
건물의 배치	출입구의 위치와 동선의 적절성 주차장 배치와 형태의 적절성(1층 상가 시야 확보) 조경의 위치와 수목의 종류(1층 상가 시야 확보) 건물의 배치와 기둥의 위치 적절성
건축 형태	지내력 및 내진설계 등 건물 구조의 안정성 입구, 거실, 주방, 화장실, 안방 등의 동선과 면적분배 적절성 지붕, 창호, 발코니, 외부마감재, 가스 및 우수관위치와 모양 적절성 구조, 단열, 방수 등 재료의 성능과 재질의 적절성 복도, 계단의 배치와 높이, 층고의 적절성 엘리베이터 용량 및 소방설비의 적정성 냉난방, 위생, 환경, 전기, 통신, 설비 구조, 오폐수 처리의 적절성 수압 및 전압의 적정성
기타사항	특별주문사항의 반영 및 수용성(설계 변경 등) 건물 준공 후 관리상 비효율적 구조 확인 설계대로 진행시 예산 범위와 공사기간 내에 실행 가능한지 확인

설계 체크리스트

2단계. 시공

성공적인 시공은 대표자와 현장 소장의 경험과 인품에 달려 있다. 최소 6개월에서 길게는 1년 넘게 작업이 진행되는데, 소통과 협의가 어려우면 기간 지연 등 고통이 따르고, 건축 품질에 반영되어 손실이 발생할 수 있다. 그러므로 사전 미팅 시 반드시 대표자와 현장 소장 모두를 만나야 한다. 우리는 시공 계약을 위해 약 20팀 정도의 시공업체를 만났는데, 그중에는 계약 성사만을 위해 입담 좋은 전문 마케터만 앞세운 경우도 있었다. 절대 마케터의 말에만 현혹되어 계약을 진행하면 안 된다. 실제 착공이 들어가면 대표나 현장소장과 의사소통을 해야 되기 때문이다.

또 미팅 전 시공사마다 시방서, 사용자재 스펙, 옵션 내역 등 견적을 미리 받아 비교해보면 좋다. 이렇게 하는 이유는 2가지 의미가 있다.

첫째, 적어도 어떤 자재가 좋고, 나쁜지를 알아야 해당 시공사의 가견적이 합당한지를 알 수 있어 시공사와의 적정 협의가 가능하다.

둘째, 디테일한 부분까지 신경 쓰고 있다는 걸 어필할 수 있다. 이렇게 해야 혹시 모를 시공사의 비이성적 이윤 추구 행위를 사전 방지할 수 있다.

시공 단계에서 알면 알수록 비용을 절감하고, 모르면 모를수록 결과물 대비 비싼 돈을 지불해야 함을 잊지 말자. 이렇게 여러 시공사들과 미팅을 하다 보면 후보군이 추려진다.

다음은 해당 시공사의 경험과 역량 확인을 위해 그 시공사에서 최근에 착공, 진행, 완료된 현장을 직접 방문해야 한다. 건축물의 전반적 마감 상태와 실생활 편리성, 1층 임차 여부를 확인하기 위해서다.

품종	분류	회사명
단열재	1)비드법보온판 , 압출법보온판	홍일이피에스, 현대화학
	2)경질우레탄	홍일이피에스, 현대화학
철근 콘크리트	레미콘	유진,선일,삼표 외
	철근	국산KS 5대철강(동국, 현대 외)
외벽-벽돌	치장벽돌	신풍, 토우, 이화, 우성
	줄눈시멘트	정한
	레미탈	아세아, 한일
	발수제	다림산업
	백시멘트	유니온
	시멘트	아세아
	치장벽돌	신풍, 토우, 이화, 우성
	줄눈시멘트	정한
	레미탈	아세아, 한일
	발수제	다림산업
	백시멘트	유니온
	시멘트	아세아
내장-석재	내부계단-포천석, 노원홍.고흥석(30T)	수입산
배관	수도배관-PB(에어콘파이프)	청운
	하수배관-PVC	평화PVC
	난방-엑셀	청운
방수	방수액	아시아
도장	천정-무늬코트,르메르	삼화페인트
전기	전선	㈜EMG 전선

품종	분류	회사명
창호공사	1층 자동문	태양자동문
	1층 상가샷시-알미늄단열바	PNS알미늄
	2,3,4층 현관문(단열방화문)	메리트도어
	2,3,4층 샷시	LG,KCC,이건,한화
	금강유리	금강유리
	후로아 힌지	다우코닝
	실리콘	다우코닝
천장재	SMC화장실천정돔	대주C&F
바닥재	강화마루(동화클릭)	동화마루
	강마루, 데코타일, 장판	풍산마루
벽지	일반벽지,실크벽지	LG,Did,개나리

시공사 견적 예시

그 건물이 앞으로 지어질 자신의 건물과 크게 다르지 않을 것이기 때문이다.

또한 계약 전 도급액을 구두로만 협의한 상태에서 대출승인 여부를 확인 후 진행해야 한다. 특약은 설계구조 변경, 시공 부분, 금융 부분, 기타 부분으로 나누어 꼼꼼히 넣고, 시공 시기마다 공사 진행상황을 실시간으로 확인할 수 있도록 메신저 등을 통해 현장 사진을 받아보는 것도 잊지 않아야 한다. 또한 시공권 및 유치권 포기 각서를 작성하여 특별한 사유 없이 공사가 중단되는 위험을 회피해야 한다.

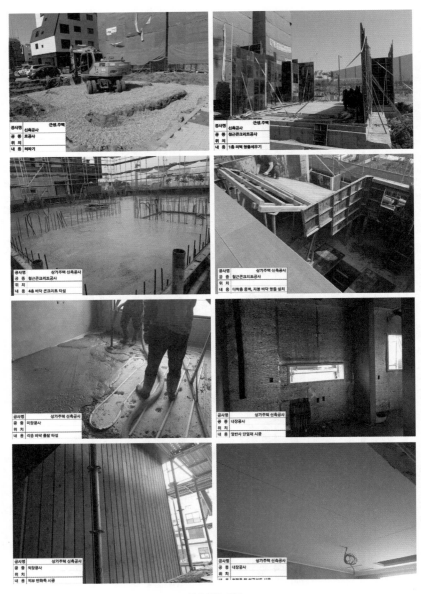

실제 건축 현장

다음은 우리가 실제 시공 계약 시 추가했던 특약이다. 계약 시 이런 부분을 유념하면 도움이 될 것이다. 여기까지 진행되면 건축의 80%는 완성됐다고 봐도 무방하다.

· 건축 계약 시 도움이 될 수 있는 특약

① 1층 상가는 층고를 높게 하고, 분할 임차와 수납효율성을 고려하여 시공한다.
② 2층 세대별 발코니 부분도 난방이 되게 시공하고, 세대별 화장실은 분할하여 시공한다.
③ 슬라브 및 가벽을 활용하여 에어컨 실외기가 외부에서 보이지 않도록 시공한다.
④ 건물 테라스에 가벽 쌓기를 통해 건물 외관이 커보이도록 시공한다.
⑤ 출입구는 대형 가전제품이 들어가도록 시공한다(임차인이 이사 시 용이하도록).
⑥ 총전력 용량을 감안하여 전선을 분산하여 시공한다.
⑦ 위생기구, 싱크대, 가전제품, 샷시, 가전제품등은 특정 브랜드로 시공한다.
⑧ 2, 3, 4층 거실은 입면분할창으로 난간 없이 시공한다.
⑨ 확장 부분, 창호등 결로 및 단열 이슈가 있는 곳은 추가 단열 시공을 한다.
⑩ 계약이행, 하자보수(건설산업기본법 별표 4조 준용), 지체상금률, 대가지연이자 특약을 적용하며, 인력사고 등에 대해서는 시공사의 책임 및 보상으로 한다.
⑪ 잔금은 준공검사 및 최종 보수 완료 후 하자이행증권 발행 후 지급하기로 한다.
⑫ 건축주가 대출을 받을 수 있도록 적극 협조하며, 요구 서류를 즉시 제공한다.
⑬ 금융기관 및 건축주의 대출 승인 조건에 맞게 기성고를 완료하되, 대출승인이 불가한 경우 보완 공사하여 기성고를 맞추기로 한다.
⑭ 계약 시 협의한 기간, 도급금액, 협의 품질로 완성하되 시공원가 인상은 시공사가 부담하며, 건축주에게 추가 비용을 청구하지 않기로 한다.
⑮ 건축주가 원하는 현장소장이 전담하되, 건축절차마다 SNS를 통해 현장사진을 공유하기로 한다.

⑯ 일괄하도급 및 면허대여를 하지 않기로 한다.

⑰ 자재 승인 절차 및 시공계획서 승인은 10일 내에 결정하기로 한다.

⑱ 안전기원제, 상량식, 착공식 등은 하지 않고, 골조 완료 후 월 1~2회 회의하기로 한다.

⑲ 최초 공정표, 자재목록서, 시방서 등을 본 계약서에 첨부하여 간인하기로 한다.

⑳ 유치권 및 시공권 포기각서를 작성하기로 한다.

3단계. 사용승인 및 등기

사용승인은 건축법 규정에 의해 허가 받은 건축물이 공사를 완료한 경우, 제대로 건축되었는지 확인하고 건물의 사용을 요청하는 절차이다. 사용승인이 완료되면 건축물대장이 만들어지고, 등기를 신청할 수 있다. 등기까지 완료되면 이제 등기부등본상으로도 갑구에 소유권이 기재된다. 이 단계에서는 건축자금 대출이 담보 대출로 전환되기 때문에 금리는 낮추되, 한도와 상환조건은 변동되지 않도록 사전에 협의하는 것이 중요하다.

4단계. 마케팅 및 임대차계약 체결

건물 임대의 핵심은 공실 기간을 최소화하는 것이다. 그렇기에 건축을 진행하면 마감공사가 진행되는 단계부터 적극적으로 임대 홍보를 해야 한다. 직접 인근 중개사무소를 방문하여 눈도장을 찍고, 좋은 중개가 이루어지도록 요청해야 한다.

우리는 직접 건물의 장점, 다른 임대인들과 비교해 임차인들에게 제공할 특별 지원사항 등을 포함해 홍보자료를 만들어 인근 지역 부동산에 배포하였고, 중개사들도 임차 희망인들에게 쉽게 자료를 공유할 수 있도록 서면 자료뿐만 아니라, URL과 동영상 형태로도 제공하였다.

SNS를 활용한 건물 홍보자료(출처: 보성스테이그린)

· 임대차 계약 시 주의사항

근저당 설정 전 임대차 계약을 진행하는 경우에는 신규 임차인이 전입신고를 해서 등기 시 건설자금 대출의 일부를 상환하는 사고가 발생할 수도 있으므로, 반드시 은행의 담보를 설정한 뒤 전입신고를 하도록 유도해야 한다.

우리는 이런 과정을 거쳐 임대차 계약 시에는 많지 않은 건축 비용에도 불구하고, 건물의 높은 완성도로 인해 임차인들에게 호평을 받으며 원활하게 강부자 1호 건물을 완성할 수 있었다. 이런 경험이 밑바탕이 되어 앞으로 도전할 2호, 3호도 우리만의 콘셉트를 가지고 좀 더 멋진 건물을 탄생시킬 수 있지 않을까 기대해본다.

규제에서 자유로운 지식산업센터

'지식산업센터'란 3층 이상의 집합건축물에 6개의 공장이 입주할 수 있는 곳으로 현장에서는 '아파트형 공장'이라 불린다. 통상 이곳은 제조업, 지식기반시설, 정보통신업, 벤처기업을 운영하기 위한 '공장시설'과 입주업체의 생산을 지원하기 위한 시설인 금융, 보험업시설, 기숙사, 근린생활시설과 같은 '지원시설'이 입주할 수 있다.

공장시설은 산업집적활성화 및 공장설립에 관한 법률에 근거하여 입주 가능한 업종을 다음과 같이 엄격하게 제한하고 있으므로 유의해야 한다.

공장시설 입주가능 업종		
제조업(유해물질 배출하는 것은 제외)	지식산업	정보통신산업
업종	업종코드(중분류)		
음식료	10 식료품 제조 11 음료 제조 12 담배 제조	70 연구개발	62010 프로그래밍
섬유, 의복	13 섬유제품제조 14 의복, 모피제품제조 15 가죽, 가방 및 신발	72 건축기술 등 72111 건축설계 72112 조경설계 72121 건물서비스 72122 환경컨설팅 72129 엔지니어링 72911 물질성분 분석 72921 측량업 72922 제도업 72923 지질조사, 탐사업	62021 시스템관리
목재등	16 목제, 나무제품제조 17 펄프, 종이제품제조 18 인쇄, 기록매체복제		582 소프트웨어 58211 모바일게임등 58219 기타 게임등 58221 소프트웨어 공급 58222 응용 소프트웨어
석유화학	19 코크스, 석유정제품 20 화학제품 제조 21 의약품 제조 22 플라스틱, 고무 제조		
비금속소재	23 비금속광물제품제조	71393 광고물작성	63111 자료처리
철강	24 제1차 금속산업	5911 방송 제작업 59111 일반영화 제작 59112 애니메이션 제작 59113 광고등 제작 59114 방송 제작	63112 호스팅 서비스
기계	25 금속가공제품제조 (기계, 가구 제외) 29 기계, 장비 제조		63991 데이터베이스 등
전기, 전자	26 전자부품, 영상, 통신 27 의료, 광학기기 제조 28 전기장비 제조	58 출판업 58111 학습서적 출판 58112 만화 출판 58119 기타서적 출판 58121 신문 발행 58122 잡지 발행 58123 광고간행물 발행 58190 기타 인쇄물 발행	612 전기통신업 61210 유선통신 61220 무선통신 61230 위성통신 61291 통신 재판매 61299 기타 전기 통신
운송장비	30 자동차, 트레일러 31 기타운송장비 제조	732 전문디자인업 73201 인테리어 디자인 73202 제품 디자인 73203 시각 디자인	

공장시설 입주가능 업종		
제조업(유해물질 배출하는 것은 제외)	지식산업	정보통신산업
기타	32 가구 제조 33 기타 제품 제조	75994 포장 및 충전업 71531 경영컨설팅 73902 번역, 통역서비스 75992 전시, 행사 대행 39 환경정화 및 복원 39001 지하수 정화업	612 전기통신업 61210 유선통신 61220 무선통신 61230 위성통신 61291 통신 재판매 61299 기타 전기 통신

※ 실제 계약 진행 전 지자체 문의를 통해 입주 가능, 시설은 재확인이 필요함(변동 가능).

여기서 잠시 지식산업센터가 왜 유망한 투자처가 되었는지 알아보자. 지식산업센터는 경공업과 기타 공업을 수용하되 주거, 상업 및 업무기능의 보완이 필요한 준공업지역에서 만들어졌다. 준공업지역은 서울시 면적의 3.3%(19.98㎢) 수준이지만, 서울시 영세업체의 10.3%가 입점해 있는 곳으로 산업경제, 도시, 서비스 측면에서 중요한 역할을 수행해왔다.

세제혜택과 기금, 숙련 인력, 마케팅, 공동 R&D를 지원하는 등 영세산업의 보호와 활성화를 적극 유도했지만 지식산업센터의 활성화는 좀처럼 이뤄지지 않았다. 지식산업센터에 존재하는 기업 관련 규제들 때문이었다. 지식산업센터에 대한 임대제한 규제가 급증하는 임차수요를 가로막고 있어 규제 완화와 민간자본 유입을 통한 임대물량의 공급이 절실한 상황이었다.

그러던 중 2013년 8월 지식산업센터의 활성화 정책을 견인하기 위해 임대제한 규제가 폐지되었다. 동시다발적으로 기업 관련 규제도 완화되었다. 전과는 달라진 상황에 준공업지역 개발의 꽃인 지식산업센터를 육성하고 있는 상황에서 각종 임차수요는 몰리게 되었고, 지식산업센터의 아킬레스건이었던 임대제한 규제 폐지를 발 빠르게 분석한 자산가들의 자본이 드디어 움직이게 된 것이다.

		2013. 8. 22
국무조정실 국무총리비서실	**보 도 자 료**	작 성	국무조정실 경제규제관리관실 담당과장 윤순희 사 무 관 한아름 (Tel. 044-200-2414)
8.22(목) 배포 즉시 사용하시기 바랍니다.		배 포	국무총리비서실 공보비서관실 정책홍보과장 이진원 (Tel. 044-200-2726)

'네거티브 규제방식' 확대로 기업투자 문턱 낮춘다

- 기업관련 규제 **1,845건** 중 **1,650건**에 대한 규제완화
네거티브방식 적용 597건, 네거티브 수준 규제완화 228건, 일몰 설정 825건

③ **지식산업센터**(구 아파트형공장) **임대제한규제 폐지** (산업부)

현행	○ 지식산업센터의 **임차수요는 급증추세*이나, 임대물량 부족** · 서울디지털, 남동, 반월시화단지 임차현황 (00년) 3,133개社(37.8%) → (11년) 15,143개社(47.0%)
개선	○ **임대목적 취득 허용** ⇒ 영세 중소기업의 **입지난 해소**와 창업 활성화 촉진 ▶「산업집적활성화 및 공장설립에 관한 법률」개정 ('14.6월)

국무조정실 보도자료(2013년 8월)

226

강점

지식산업센터는 다른 수익형 부동산에 비해 평단가가 낮은 편이다. 투자자들의 낮은 관심으로 오피스텔과 같은 수익형 부동산에 비해 낮은 시세를 형성하고 있다. 지식산업센터는 기업을 대상으로 임대료를 받기 때문에 다른 수익형 부동산에 비해 수익률이 높고 안정적이며, 취득 시 금융 및 세제혜택이 많기 때문에 발품만 잘 판다면 여타의 수익형 부동산 대비 기대 이상의 수익률을 마련할 수 있다. 다만, 지식산업센터의 근린생활시설과 업무지원시설에는 세금 감면 혜택이 없고, 공장시설에만 적용됨은 유의해야 한다.

1. 지식산업센터에만 지원되는 정책자금의 활용

부동산 투자의 수익률은 대출한도와 조달금리가 큰 영향을 미친다. 대부분이 시중 은행을 통해 일반 담보대출 상품을 이용하지만, 지식산업센

지원시설		공장시설			
금융기관	시중 은행	신용보증재단	창업기업자금	신성장기반자금	시중은행
대출기간	5년 내외	5년 내외	10년 내외	10년 내외	5년 내외
대출한도	70% 내외	70% 내외 (8억 원 한도)	70% 내외 (60억 한도)	70% 내외 (60억 한도)	70% 내외
대출금리	3.5% 내외	2.5% 내외	2.5% 내외	2.5% 내외	3.5% 내외

※ 상품명과 금리, 한도는 시기에 따라 변할 수 있으므로 투자 전 개별 문의 필수

터는 물건의 용도에 따라 다양한 정책자금을 이용할 수 있다는 장점이 있다. 한도는 물론 금리까지 기타 물건 대비 낮출 수 있다는 건, 현재 규제지역의 대출한도가 40% 내외임을 생각하면 큰 투자 경쟁력임을 알 수 있을 것이다.

다음은 대출금리 3% 가정 시 레버리지를 통한 수익률을 비교한 표이다. 지원시설과 공장시설은 70~80%를 기준으로 대출한도가 산정되는 것이 일반적인데, 특히 공장시설은 정책자금을 이용할 수 있어 보다 낮은 금리로 자본을 조달할 수 있다는 추가 장점이 있다.

2020년 8월 현재, 서울 지역 아파트와 오피스텔의 LTV 40%인 상황에

구분	자기자본	대출 40%	대출 70%
매매가격	400,000,000	400,000,000	400,000,000
임대보증금	20,000,000	20,000,000	20,000,000
대출	-	160,000,000	280,000,000
실투자금	380,000,000	240,000,000	120,000,000
임대수익(연간)	21,600,0000 (180만 원 × 12개월)	21,600,0000 (180만 원 × 12개월)	21,600,0000 (180만 원 × 12개월)
이자비용(연간)	-	4,800,000	8,400,000
연 순익	21,600,000	16,800,000	13,200,000
투자수익률	5.68%	7%	11%
투자 효율성	낮음	중간	높음

서 70% 이상의 레버리지를 이용할 수 있으므로 높은 투자수익률 달성이 가능하다.

2. 지식산업센터 수분양자의 세제 혜택

지식산업센터는 산업 육성을 위해 취득세, 재산세에 대해 혜택을 주고 있다. 단, 이런 혜택은 공장용도의 취득 시에만 적용되고, 근린생활 및 업무지원 시설에는 감면 혜택이 없으므로 투자 시 주의해야 한다.

구분	오피스텔		지식산업센터
	주택임대사업자	일반 임대사업자	개인사업자
취득세	전용면적 60m² 이하 시 100% 감면, 취득세 200만 원 초과 시 85% 감면	4.6%	2.3% (50% 감면)
부가세 환급	부가세 환급 불가	부가세 환급 가능	부가세 환급 가능

※ 세금감면기준은 지자체별로 상이하므로 사전 확인 필수
※ 취득 후 실제 사업을 영위하는 경우에 세제혜택 가능(지식산업센터)
※ 오피스텔의 경우 최초분양 60일 내 임대사업자등록 시 혜택 가능, 세법 개정이 빈번하므로 지자체 등 사전 문의 필수

원래 개인사업자는 취득 시 취득세 4.6%를 적용하지만, 공장용도로 취득한 경우에는 50%의 감면 혜택을 주고 있다. 다만, 법인은 개인사업자와 달리 지역, 법인 설립 기간에 따라 취득세가 다르므로 주의해야 한다 (해당 내용은 조세특례제한법 시행령 60, 63조, 지방세특례제한법 58조의 2를 참고).

법인별 구분	취득세	재산세	비고
과밀억제권역 내 설립 5년 이상	50% 감면	37.5% 감면	
과밀억제권역 내 설립 5년 미만	등록분 3배 중과	37.5% 감면	중과세
과밀억제권역 외에서 안으로 취득 후 전입	등록분 3배 중과	37.5% 감면	중과세
과밀억제권역 외에서 안으로 취득 후 임대	일반적용	일반적용	
산업단지 내 법인이 과밀억제권역 취득 후 전입	등록분 3배 중과	37.5% 감면	중과세
산업단지 내 법인이 과밀억제권역 취득 후 임대	일반적용	일반적용	

※ 취득세(4.6%): 취득분 2%, 취득분 농특세 0.2%, 등록분 2%, 등록분 교육세 0.4%
※ 단, 세금감면기준은 지자체별 상이하므로 사전 확인 필수

구분	5년 이상 법인		5년 미만 법인(3배 중과세 + 50% 감면)		
	세율	50% 감면	세율	50% 감면	비고
취득세	2%	1%	2%	1%	취득세 2%×50%
등록세	2%	1%	2%	3%	등록세 2%×3배 중과 = 6% 6%×50%
지방 교육세	0.4%	0.2%	0.4%	0.6%	3배 중과 1.2%의 50%
농어촌 특별세	0.2%	0.1%	0.2%	0.1%	–
총세액	4.6%	2.3%	4.6%	4.7%	개인사업자 세율은 2.3%

※ 취득세(4.6%): 취득분 2%, 취득분 농특세 0.2%, 등록분 2%, 등록분 교육세 0.4%
※ 취득세, 재산세 감면 혜택 2022년 12월 31일까지 3년 연장(일몰 예정), 지자체별 상이하므로 사전 확인 필수

법인에 3배 중과세가 적용되는 과밀억제권역의 경우, 일반 부동산 취득세는 9.4%이고, 지식산업센터의 부동산 취득세는 4.7%이다. 만약 취득가가 4억이라면 약 2000만 원이 차이 난다.

일반 중과세	2.2% + (2.4% × 3배 중과) = 취득세 9.4%
지식산업센터 중과세	[2.2% + (2.4% × 3배 중과)] × 50% 감면 = 취득세 4.7%

※ 세법상 개정이 빈번하므로 지자체별 사전 확인 필수

또한 과밀억제권역 내에서 밖으로 공장을 이전하는 경우 역시, 법인세와 소득세를 추가로 감면해주고 있다. 예를 들어 군포나 의왕에서 공장을 운영하는 법인이 수원이나 용인으로 이전하는 경우에는 세금 감면의 혜택을 받을 수 있다.

권역구분	지역
과밀억제권역	서울시, 과천시, 성남시, 고양시, 의정부시, 구리시, 하남시, 인천시, 부천시, 광명시, 안양시, 시흥시, 군포시, 의왕시
성장관리권역	수원시, 용인시, 오산시, 화성시, 평택시, 안성시
자연보정권역	가평군, 양평군, 광주시, 여주군, 이천시

수도권 권역 현황

세부적으로 보면, 과밀억제권역에서 2년 이상 사업을 영위한 중소기업이 공장시설을 성장관리나 자연보전권역으로 이전하고, 1년 이내에 기존 공장을 양도, 철거, 폐쇄시키면서 동일한 업종으로 사업을 개시한 경우에 4년간 100%, 그 이후 2년간은 50% 혜택을 받을 수 있다(조세특례제한법 제63조, 지방세특례제한법 제124조를 참고).

지식산업센터, 기업부설연구소, 벤처기업, 산업단지 내 공장 등을 취득

지원 대상 물건	구분	지원내용	비고
지식산업센터 설립자 최초분양 입주	취득세	50% 감면	
	재산세	37.5% 감면	
기업부설연구소	취득세	25~75% 감면	과밀억제권역과 기업의 상황에 따라 탄력적인 감면율 적용
	재산세	25~75% 감면	
벤처기업	취득세	37.5% 감면	
	재산세	37.5% 감면	
창업벤처 중소기업	취득세	50% 감면	
	재산세	75% 감면	
산업단지 내 공장	취득세	50% 감면	
	재산세	35~75% 감면	

※ 취득 지역, 시기, 지식산업센터 단지에 따라 달라질 수 있으므로 투자 전 개별 확인 필수

하는 경우 취득세와 재산세를 25~75% 수준으로 감면 받을 수 있다. 다만 취득일로부터 1~3년 내에 직접 사용하되 2~5년간 지속적으로 사용하는 것을 조건으로 하고 있다. 취득 시 운영에 대한 계획 없이 감면 혜택만을 생각하고 묻지마 투자를 해서는 안 되는 것이다. 즉, 입주자격이 되는 업종이면서 실제 사업을 영위해야만 세제혜택을 받을 수 있으므로 투자 시 주의를 기울여야 한다.

3. 전매 제한이 없는 상품

과거 아파트 청약 광풍이 불었던 시기가 있었다. 그럴 수 있었던 가장 큰 이유는 10% 계약금으로 준공 시 얻게 될 프리미엄과 등기 없이 처분

할 수 있는 자유가 보장되었기 때문이다. 현재는 규제로 인해 아파트 청약 투자가 어려워졌는데, 지식산업센터에서는 아직까지 이런 투자가 유효하다.

대부분 지식산업센터는 인구와 산업, 교통이 밀집된 도심권에 입지해 있다. 통상의 공사기간을 30개월로 봤을 때, 입지가 좋다면 준공시점에는 분양시기보다 프리미엄이 붙어 있는 게 일반적이다. 높은 대출한도와 전매까지 자유로운 상황에서 잘만 활용한다면 단기간 내 높은 수익 또한 가능할 수 있다.

입주 절차

산업단지는 '산업집적활성화 및 공장설립에 관한 법률'에 근거하여 다음과 같은 절차를 거쳐 입주하게 된다.

> 입주계약 신청서 제출 → 입주계약 체결 → 공장설립완료 신고서 제출
> → 현장실사 → 공장등록 → 사업 영위 → 계약 변경/임대/처분

계약 전 사업코드를 확인하고 이것이 지식산업센터에 입주 가능한 업종인지 지자체에 반드시 확인해야 한다. 입주 계약 시 통계청 통계분류포털에서 한국표준산업분류를 선택한 뒤, 분류검색에서 검색어를 입력하면 분류코드를 확인할 수 있다.

한국표준산업분류(출처: 통계분류포털)

지식산업센터의 핵심은 출구전략이다. 이것을 잘하기 위해서는 공장
등록 절차를 제대로 이해해야 한다. 공장등록은 크게 공장설립 완료신고
(제조업)와 사업개시신고(비제조업)로 구분된다. 이 단계에서는 입주계약
사항, 입주자격, 업종사항을 확인한다. 지식산업센터 투자자는 반드시 공
장등록 및 사업 개시를 해야 하므로 다음 증빙에 대해서는 사전에 인지
하고 있어야 한다.

공장등록 및 사업개시신고를 마친 사업장만 자산의 양도가 가능하다.
사업장 전체를 임대하는 경우 임대업으로 전환해야 하며, 전환 후 1년 동

공장등록		사업 개시	OEM
자가공장	임대공장		
1. 사업자등록증 2. 법인등기부등본 3. 건물등기부등본 4. 개인 및 법인인감 5. 회사명판 6. 건축물대장	1. 사업자등록증 2. 법인등기부등본 3. 개인 및 법인인감 4. 회사명판	1. 사업자등록증 2. 법인등기부등본 3. 건물등기부등본 4. 재무제표(전년기준) 5. 4대보험가입내역서 6. 개인 및 법인인감 7. 매출세금계산서 　 용역계약서, 입금내역 8. 회사 명판	1. 디자인시안, 견본 　 작업지시서 등 2. 임가공계약서 3. 원부자재구매원장 4. 상품출원등록증 5. 매출증빙, 납품서 등

등록절차별 필요서류 예시

안은 처분이 불가하므로 취득 시 해당 부분에 대해 구체적인 계획을 수립한 후 취득하는 것이 중요하다.

성공 전략

지식산업센터는 초기 투자비용이 적지만, 유동성과 시세차익에서 약한 면이 있다. 업종 제한으로 수요가 한정적이기 때문이다. 주거, 상업이 차별화된 부동산으로 다른 수익성 물건에 비해 수익률은 높지만 지역에 따라 편차가 크다. 그래서 수요, 접근성, 편의시설, 인구가 밀집된 지역을 선택해야 한다. 아파트와 마찬가지로 양극화가 심화되고 있기 때문이다.

　다음 그림에서 볼 수 있듯, 전국의 지식산업센터는 1000여 개에 육박하지만 70% 이상이 수도권에 집중되어 있고, 결국은 입주기업의 CEO가

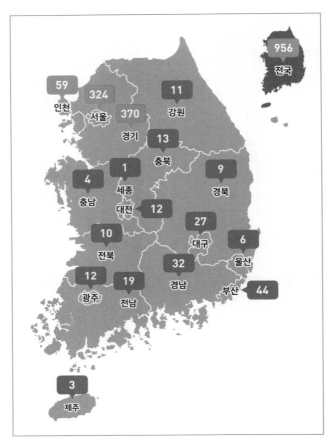

2018년 5월 전국 지식산업센터 현황(출처: Real Cast 참고)

사업하기 좋은 곳이 활성화된다. 지식산업센터라고 입지적 조건이 다른 부동산과 크게 다르지는 않다. 그래서 지식산업센터를 투자할 때는 도보 10분 내의 역세권, 배후 주거지가 많은 곳, 지원시설이 많아 기업단지가 형성될 만한 곳을 선택해야 한다.

1. 가산동 일대의 지식산업센터

총 3개의 단지로 구성된 서울디지털국가산업단지(G밸리)는 새롭게 탈바꿈하고 있다. 1단지는 IT 등 지식기반의 산업을 육성하고, 2단지는 패션 및 아울렛 중심의 도소매업, 3단지는 기존 제조업을 바탕으로 구성되어 있다. 과거 구로공단이라고 불렸던 지역을 지식산업기반의 군락으로 변모시킨 것이다.

또한 G밸리는 서울 유일의 국가산업단지로, 과밀억제권역으로 분류되지 않아 취득세 중과배제 등 여러 가지 세제 혜택이 있기 때문에 많은 이점이 있다.

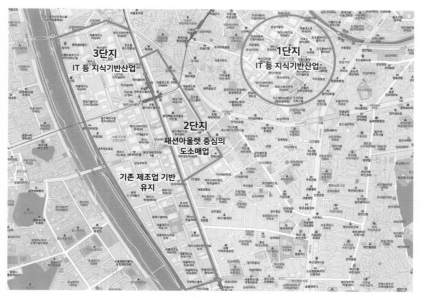

가산동 일대의 지식산업센터 계획(출처: 국민일보 참고)

G밸리 창업지원시설	운영 주체
메이커스페이스	SBA
디자인제조혁신센터	한국디자인진흥원
신용 창업드림센터	신용보증기금
기업은행 창공	기업은행
무중력지대 G밸리	서울시
서울벤처인큐베이터	벤처협회, 구로구
스마트세계로누림터	창업진흥원
G밸리테크플랫폼	한국산업단지공단
금천무한상상스페이스	금천구

G밸리 창업지원시설 현황(출처: 매일경제 참고)

한국 수출의 대표적인 상징인 구로공단은 1967년에 디지털단지로 변화되었다. G밸리는 한국의 성장과 함께한 만큼 다른 지식산업센터보다 풍부한 창업지원시설을 보유하고 있어 그만큼 기업 입점에 유리한 요소들을 갖추고 있다. 최근에는 공개공지 쉼터, 가로공원 등 녹지공간 확충뿐만 아니라 젊은 맞벌이를 위한 국공립-직장 혼합형 어린이집까지 추가 예정에 있다.

또한 G밸리의 교통문제 해소를 위해 서부간선도로 지하화 사업, 철산교 확정, 2~3단지 고가램프 설치 사업도 추진될 것으로 예상된다. 우림라이온스밸리, 대륭포스트, 벽산디지털, 에이스하이앤드타워, 에이스테크노 등 다양한 지식산업센터에 관심을 가져보길 바란다.

2. 성수동 일대의 지식산업센터

성수동은 영동대교를 통하면 강남에 쉽게 접근할 수 있어 자연스럽게 강남의 고급인력을 유입시킬 수 있는 장점이 있다. 거기에 성수전략정비사업, 뚝섬 제1종지구단위계획, 뚝섬 상업시설 개발과 같은 대규모 호재까지 주목 받고 있으며, 이후 분당선이 연장될 경우 강남과 강북의 연계성을 더욱 증가시켜 교통과 산업의 요지로 자리 잡을 것으로 보인다.

과거 지식산업센터는 가산동과 구로동에 집중되었지만, 최근에는 성수동이 주목 받고 있다. 특히 자동차 정비, 인쇄, 신발, 섬유와 같은 중소형의 영세산업이 주를 이루던 지역이 산업개발진흥지구로 선정되어 IT를 기반에 둔 스타트업 기업의 입주가 늘어나고 있으며, 추후 지식산업센터의 중심지로 우뚝 설 것으로 예상된다. 성수에이팩센터, 성수아이에스비

성수동 일대의 지식산업센터 계획(출처: Lafent 참고)

즈타워, 서울숲 IT밸리 등이 대표적인 지식산업센터로 IT, R&D, 제조 및 생산의 메카가 될 성수 신도시에 당장 관심을 가져볼 필요가 있다.

3. 평촌역 일대의 지식산업센터

평촌의 지식산업센터는 1번, 47번국도, 안양역, 서해안고속도로, 제2경인고속도로, 외곽순환도로에 인접해 있으며, 강남, 과천, 평촌, 의왕, 수원을 연결하는 벨트의 중간에 위치해 있다. 추후 인덕원, 동탄, 월곶, 판교의 복선전철이 개통된다면 가치가 더욱 상승할 것으로 예상되며, 인근 지식산업센터로는 평촌하이필드지식산업센터, 평촌스마트베이, 안양메가밸리, 알파, 금강펜테리움 IT타워 등이 있다.

구분	노선명	구간	안양시 접근지점
고속도로	서해안고속도로	서울~안양(석수동)~목포	경수대로
	제2경인고속도로	인천~안양(석수동)	경수대로
도시고속도로	서울외곽순환도로	일산~판교(시흥~의왕)	신기대로
일반국도	국도 1호선	목포~신의주(석수동~군포)	경수대로
	국도 47호선	반월~금화선(호계동~과천)	흥안대로
국가지원 지방도	57호선	안양~판교(비산4거리~의왕)	관악대로
시도	1170개 노선	안양시 관내	관악대로
국철	경부선	서울~부산	안양역
수도권전철	국철 4호선	천안~수원~서울~동두천 안산~서울(당고개)	석수, 관악, 안양, 인덕원, 평촌, 범계역

4. 성남시 일대의 지식산업센터

강남과 판교 사이에 위치하며 자가용으로 30분 이내 접근할 수 있는 입지이다. 용인-서울 고속도로, 분당-내곡 고속화도로, 외곽순환도로, 동부간선도로에 인접하여 물류이동도 용이한 환경을 갖추고 있다. 동남권 최대 유통단지인 가든5, 송파신도시, 여수동 행정타운, 성남시청, 중원구청, 보건소, 우체국, 경찰서 등 다양한 산업지원시설을 갖추고 있어서 비즈니스 입지로 각광 받고 있다.

또한 제2판교 창조경제밸리-강남 테헤란밸리-송파 의료바이오밸리-판교 테크노밸리 등과 연결되어 인적 네트워크를 함께 이용할 수 있는 장점을 가지고 있다. 한라시그마밸리, 우림라이온스밸리, 성남센트럴비

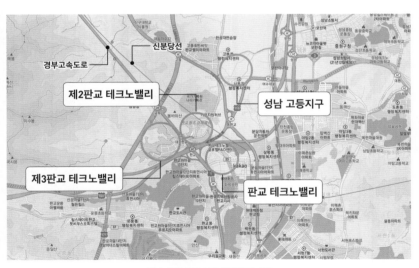

성남시 일대의 지식산업센터 계획

즈타워, 성남SK 브이원타워, 성남고등유토피아, 반도아이비밸리 등이 관심 가질 만한 곳이다.

임대수익률의 끝판왕,
미군렌탈하우스

미군렌탈하우스는 영외에 거주하는 미군과 미군 부대에 근무하는 군무원, 기술자 등에게 주택을 렌탈하기 위해 건축하는 주택이다. 영외 거주가 가능한 미군은 장교, 기혼사병, 장교급의 병사 등이 있다. 이들은 직급이 있는 간부이기 때문에 일반 사병과 함께 있기를 꺼리는 경향이 있어 영외 거주를 희망하는 경우가 많다. 또한 미군은 함께 어울릴 수 있는 커뮤니티와 독립공간, 마당, 개별 차고지 보유와 같은 옵션형 주택을 선호한다.

그래서 차별화된 수요와 주택 형태가 미군렌탈하우스의 진입장벽이자 경쟁력이다. 큰 틀에서 미군렌탈은 임대차 영역에 속하지만, 특정 직업을 가진 사람들을 대상으로 맞춤형 옵션을 보유한 주택을 공급한다는 점에서는 차이가 있다.

평택기지는 495만 평으로 여의도의 5배 면적에 해당하는 군사 요충지이다. 그 밖에도 KTX 지제역 개통, 고덕 삼성전자 산업단지, LG전자 진위2산업단지, 고덕국제신도시 개발 등 굵직한 호재들도 있다. 동두천과 용산에서 2020년까지 평택 이전을 목표로 하고 있으며 약 80% 정도가 이전한 상태다.

기간	2016년	2017년	2018년	2019년	2020년
미군 인구 추정치	1.32만 명	2.54만 명	3.34만 명	3.94만 명	4.27만 명

미군 및 방위비 감축 등 다양한 이슈가 있었지만, 한국은 동북아의 군사 요충지로 미군이 철수될 가능성은 현실적으로 낮아 보인다.

실제 미군의 주거지가 평택기지로부터 15마일 이내(차량 30분 거리)로 요건이 명확해지면서 2013~2018년까지 평택의 주택 인허가가 증가하였다. 미군이 선호하는 옵션을 갖춘 렌탈하우스와 신규 아파트가 공급도 늘어나면서 주거환경이 개선되고 있는 상황이다. 미군기지는 이미 2060년까지 계약이 되어 있으므로 장기간 임대수익을 창출할 수 있을 것으로 예상된다.

강점

미군렌탈 투자의 강점은 바로 안정적인 월세와 연세 수익이다. 일반 임대차처럼 일반인이 지급하는 것이 아니라 미군이라는 공기관에서 미군에게 해외 주택 수당을 지급하는 구조이기 때문이다. 미국은 미군과 군무원, 부대에서 근무하는 민간인이 부대 외에서 거주하는 경우 월세, 관리비의 지원 상한선을 정하고, 그 안에서 자율적으로 주택을 임차할 수 있도록 하고 있다. 한미주둔군지위협정(SOFA) 조약에 의해 한국에 주둔하는 미군 및 그 가족의 주거비용을 한국 정부가 지원하고 있다. 미국에서 군인의 위상이 높다는 것은 많은 매스컴을 통해서 익히 알고 있을 것이다. 미국 입장에서 한국은 분쟁국가에 속하고, 그런 나라에 파병을 온 군인들에게 최고의 대우를 해주는 것은 마땅하다고 생각한다. 그래서 임대료 연체는 상상할 수 없다.

형태	추정렌탈료(연간)	계약기간	지급화폐	주거형태	비고
미군	24,000달러 내외	1년 내외	달러	빌라 아파트 단독주택 등	- 계급이 높을수록 주택수당이 높음 - 넓고, 큰 주택 선호
군무원 민간인	45,000달러 내외	1년 내외	달러		

미군무원과 고위계급의 렌탈료는 연세의 개념으로 선불 수령하는 것이 원칙이며, 전액 달러로 수령하기 때문에 경우에 따라 추가적으로 환차

익까지 올릴 수 있는 장점이 있다. 그리고 미국 정부에서 책정하는 주택 수당은 물가상승률, 지가상승률, 건물상승분 등을 고려하여 계산하기 때문에 기본적으로 렌트료 자체가 우상향 구조를 가지고 있다.

실제 이런 이점을 바탕으로 서울의 자산가들이 용산 미군기지 인근의 부동산을 활용해 미군렌탈로 많은 재미를 보았다. 그래서 미군 용산기지가 평택으로 단계적 이전을 함에 따라 자산가들 또한 미군렌탈을 위해 부대 인근의 고급주택 매입에 나서고 있다.

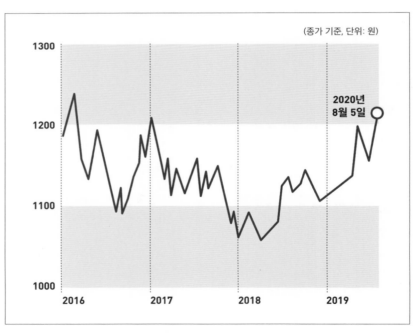

원-달러 환율 추이(출처: 연합뉴스 참고)

트렌드 5가지

일반적으로 부동산은 지역의 수요와 공급, 개발호재가 가격에 영향을 주지만, 미군렌탈은 개별 물건의 상태가 수익률을 결정하는 핵심 요소이다. 그래서 투자 전 미국인과 미군의 문화를 이해하는 것이 중요하다. 다음은 미군렌탈하우스의 트렌드이다.

1. 서양인은 동양인보다 덩치가 크다.

서양인의 평균 신장은 한국인보다 10cm 이상 크다. 외국의 드라마를 보더라도 신발장, 옷장, 침대, 소파, 식탁이 큰 것을 알 수 있다. 미군의 신체적 조건을 반영한 구조와 옵션을 갖춘 주택이 인기가 높다.

2. 차고지, 세탁실과 같은 멀티공간을 가지고 있어야 한다.

미국인들의 주거 문화를 이해하면 도움이 된다. 1층은 안방, 개별 차고지, 2층은 세탁실, 가족 공유 공간, 바비큐와 농구를 할 수 있는 마당을 보유한 공간을 선택해야 한다. 그들이 본거지에서 하는 생활을 한국에서도 할 수 있다면 큰 경쟁력이 될 것이다. 그래서 이런 주택은 공실의 위험을 줄일 수 있다.

3. 대형 평수로 접근한다.

한국은 핵가족화, 출산율감소, 1인가구 증가로 소형평수가 꾸준히 인기를 얻고 있다. 하지만 미군은 주택수당의 상한선 안에서 주거지를 선택하는 만큼 같은 가격이면 쾌적한 환경을 갖춘 넓은 평수의 주택을 선호한다.

4. 가능하다면 커뮤니티가 있는 곳이어야 한다.

이미 미군 부대 안에도 각종 상가, 학교, 병원, 편의시설, 신규 주택 등이 입점해 있다. 미군이나 군무원 등이 부대 내에 주택이 있는데 굳이 나오는 이유가 무엇인지 고민해 보아야 한다. 그래서 그들이 느끼는 부족함을 채울 수 있는 커뮤니티가 있는 곳을 선택해야 한다.

5. 직업이 군인이기 때문에 비상시 10분 안에 부대에 도착할 수 있는 곳을 선택해야 한다.

원칙적으로는 '15마일, 차로 30분 이내'의 거리이지만 교통체증 및 돌발상황이 발생할 수 있기 때문에 가까울수록 좋다. 일반 아파트에 역세권 투자가 있다면, 미군렌탈에는 부대권 투자가 유효하다.

미군렌탈도 점차 경쟁이 치열해지고 있다. 단순한 미군렌탈 투자가 성공을 담보하지 않는다. 주택의 옵션과 형태는 천차만별이며, 다양한 만큼 위험성도 크다. 미군렌탈 양극화시대에 트렌드를 이해한 현명한 투자가 더욱 요구되는 이유다.

성공 전략

1. 매매 시 체크해야 할 것

투자의 핵심은 미군이 거주할 만한 물건을 선택하고 권리를 안정적으로 확보하는 데 있다. 미 정부에서 렌탈료를 지급하는 만큼 렌탈하우스로 승인이 날 수 있는 주택을 선택해야 한다. 세부적인 기준에는 차이가 있겠지만, 큰 틀에서는 다음 항목을 참고하면 도움이 될 것이다.

> ① 누전, 보건, 안전, 화재에 대한 대비 조치시설이 있어야 한다.
> ② 배관 등이 정상 설치되고, 수압, 동파로 파손이 없는 구조여야 한다.
> ③ 냉온수, 난방, 냉방이 가능한 시설을 갖추어야 한다.
> ④ 주차와 쓰레기를 배출할 공간이 있어야 한다.
> ⑤ 조명, 환풍기, 전기스위치 등이 정상작동, 110V를 사용할 수 있어야 한다.
> ⑥ 건물 내부와 외부에 하자가 있어서는 안 된다.
> ⑦ 입주자만 출입 가능한 주방시설, 개별문 등이 있어야 한다.
> ⑧ 최소 89㎡ 이상의 면적과 3개 이상의 방, 화장실 2개, 오븐, 건조기, 세탁기를 사용할 수 있는 다용도실을 보유해야 한다.
> ⑨ 임대인이 주택 관리, 수도, 전기, 인터넷, 정수기 등의 비용을 부담해야 한다.
> ⑩ 어학 능력을 갖춘 관리자가 24시간 수리요청의 접수를 받아서 처리해야 한다.

많은 투자자들이 간과하는 부분이 관리비와 편의시설 비용이다. 관리비는 공용 및 전용, 인터넷 사용료, 정수기 렌탈료, 기타비용 등으로 구성된다. 매월 받는 렌탈료가 300만 원이라고 하더라도 각종 관리비가

200만 원이라면 순수익은 100만 원이다. 투자 판단을 위한 수익률을 계산할 때는 반드시 모든 비용을 제한 후의 순수익을 기준으로 계산해야 올바른 결정을 할 수 있다.

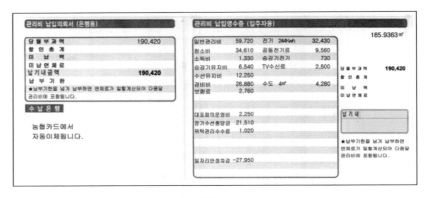

관리비 고지서

관리비는 거주자의 개별적 성향과 세대 형태, 계절, 생활패턴에 따라 큰 차이를 보인다. 세대원이 적을수록 봄과 가을이 관리비가 저렴하다. 또한 가족 단위라도 방학에 자녀가 본국으로 돌아가는 경우에는 관리비 부담이 줄어드는 개별적 특수 상황도 존재한다. 관리비 절약을 위해 상황에 따라서는 태양광 설비도 고려해볼 만하다. 또한 일반 매매와 다르게 주택뿐만 아니라 정수기, 소파, 침대, 가구, 옷장, 오븐, 가스레인지, 세탁기, 건조기 등 편의시설을 제공해 주어야 하므로 매입 시 이런 비용까지 감안해야 한다.

특히 관리업체의 선정은 매우 중요하다. 미군의 주택관리과에서 직접 주택을 체크하고 계약을 진행하기 때문에 관리업체의 역할이 크다. 그래서 조경, 건물, 미군을 관리할 수 있는 역량과 경험을 갖춘 업체를 선택해야 한다. 시기별로 제초작업, 잔디, 병충해, 임대시설 유지보수, 청소, 분리수거, 입주자 민원처리, 관리비 대납, 렌탈 갱신 등 다양한 부분에서 도움을 받아야 하기 때문이다. 이런 사항들을 바탕으로 실제 투자 시 다음 체크리스트를 활용하면 도움이 될 것이다.

1	불법건축물등록 여부 확인
2	태양광 충전판 하자 및 AS 여부
3	단열 및 방수 하자 보증
4	입주 전 인스펙션 사진 및 자료 확인 여부
5	건축도면을 보내줄 수 있는가?
6	에어컨 설치 브랜드와 전기 용량은 얼마나 되는가?
7	화장실 등 도기의 브랜드는 무엇인가?
8	창호는 어떤 것인가?
9	3층 테라스 부분 방수 처리는 어떤 것으로 되었는가?
10	보일러의 브랜드는 무엇이며, 엑셀배관은 어디까지 설치되었는가?
11	조명의 형태는 무엇이며, 조명 교체비용 등 부자재 발생 시 비용은 관리비에 포함되는가?
12	싱크대의 브랜드는 무엇인가?
13	세탁기, 건조대, 식기건조대 등의 브랜드는 무엇인가?
14	층별 바닥은 어느 종류인가?(강마루, 강화마루, 데코타일, 장판 등)

15	층별 벽지는 무엇인가?(실크 및 합지 여부)
16	욕실별 천정은 UV돔인가?
17	각 층별 걸레받이는 시공되어 있는가?
18	1층 비디오, 로비, CCTV는 어떤 브랜드이며 AS기간은 언제까지인가?
19	욕실 등 문은 합성수지도어가 맞는가?
20	지붕은 어떤 재료로 마감하였는가?
21	각 방에 보일러 제어기는 있는가?
22	주차장의 일부 부분 바깥쪽은 습하지는 않는가? 어떤 시공을 했는가?
23	오폐수 처리는 몇 톤인가?
24	창문 틈 결로 부분은 어떻게 처리하였는가?
25	천장 누수 처리는 어떻게 대비하였는가?
26	덕트는 벽 매립식인가? 노출식인가?
27	자동차는 몇 대 수용 가능한가?
28	시공 AS기간은 몇 년까지 해주는가?
29	신발장 등 내부에 빌트인 된 것은 어떤 것인가?
30	거실 전등 및 화장실 전등은 각각 분리되어 있어서 조명 밝기를 조정가능한가?

미군렌탈하우스 매매 시 체크리스트

2. 입지 선정과 권리 확보

앞서 언급했듯, 미군렌탈을 투자할 때는 부대에서 10분 이내의 거리에 있는 물건을 선택하는 것이 좋다. 미군, 군무원을 포함하여 청소 직원, 의료인, 관리 직원과 같은 각종 미군 부대의 도급인이 부대 근처에 있기 때문이다.

또한 미군 부대 안에 각종 편의시설이 갖춰져 있기 때문에 접근성이 용이한 출입구 주변의 매물을 선택하는 것이 좋다.

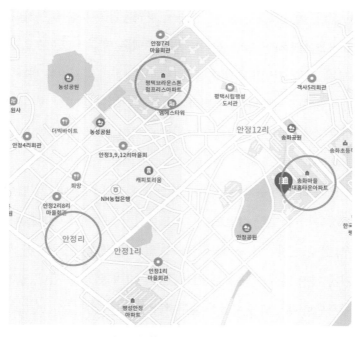

미군부대 인근 아파트(출처: 다음지도)

이중 메인은 동창리와 안정리이므로 지도를 통해 이동거리를 계산하면 도움이 된다. 평택 브라운스톤과 오스카빌은 대형 평수가 많고, 이미 많은 미군들이 거주지로 선택하고 있으므로 관심을 가져도 좋을 거라 본다. 또한 인근에 있는 단독주택을 중심으로 옵션과 평형, 경험 많은 업체가 시공 및 관리하는 곳을 선택하면 성공적인 투자의 첫발을 내딛을 수 있을 것이다.

미군렌탈 투자는 크게 공동주택과 단독주택으로 나눌 수 있다. 아파트, 빌라와 같은 형태로 취득하는 경우는 일반적인 매매 방식과 동일하게 생각하면 된다. 집합건물의 전유부분과 대지권등기 여부를 확인하여 일괄로 소유권을 이전하면 된다. 하지만 단독주택은 변수가 많으므로 권리이전 시 토지, 건물, 진입도로까지 각각 나누어 꼼꼼히 따져봐야 한다.

특히 시간이 경과함에 따라 건물가치는 감가되므로 멸실 후 재건축을 해야 하는 경우의 수도 고려해서 투자해야 한다. 그래서 추후 신축 시 제한사항은 없는지 필히 확인해야 한다.

가장 많이 하는 실수가 '토지와 건물의 소유권만 이전하고 진입도로를 빼먹는 경우'이다. 만약 진입도로가 사도이면서 매수자가 이전을 하지 못한 경우, 통행과 관련된 분쟁을 겪을 수 있으며, 멸실 후 신축 시 개발행위 허가가 나지 않아 제대로 된 가치를 창출하지 못할 수 있다. 권리이전 시 복합적으로 생각해야 확실한 출구전략도 짤 수 있다.

권리 구분	구분1	구분2	세부사항
권리 하자 분석	토지	소유권	1. 권리주체가 관련 서류 직접 발급 + 이전 가능 여부
			2. 필지정리 및 개별 소유 여부
			3. 관리사무소 및 전기 및 수도 공용 사무실 존재 여부
			4. 만약 존재 시 해당 사무소의 전기 및 가스 단절에 따른 피해, 관리비 인상 문제
			5. 국세 및 지방세 완납 증명 여부
			6. 토지소유자 처분제한 및 권리이전 하자 여부
	건물	소유권	1. 권리주체가 관련서류 직접 발급 + 이전 가능 여부
			2. 타인 토지에 전기 및 가스시설 매립으로 분쟁이 발생할 가능성은 없는가?
			3. 국세 및 지방세가 체납되어 압류 등 하자등기가 발견되는가?
			4. 주변 밭과 건물에 경계침범 등 문제는 없는가?
		점유권	1. 렌탈 계약 조건 사전 확인 여부
	도로	소유권	1. 공도인가? 사도인가?
			2. 해당 도로의 지분이 각 건물 소유자에게 이전되었는가?
		점유권	3. 미 이전 시 도로 사용과 관련 분쟁 발생 시 해결 방법은 무엇인가?

단독 렌탈하우스 권리분석 체크리스트

지금까지 우리가 직접 발로 뛰며 공부하고 매입한 신도시 건물 건축, 지식산업센터, 미군렌탈용 주택 3가지에 대해 공유해 보았다. 이렇게 짚어본 이유는 현재의 부동산 시장이 아파트 중심으로 초점이 맞추어져 있고, 부동산 규제도 수도권 아파트를 겨냥하고 있기 때문이다.

부동산 시장이란 아파트 이외에도 넓은 범위를 가지고 있으며, 실제 내가 상담해본 자산가들은 아파트 이외에도 상가나 지식산업센터, 미군렌탈하우스 등 다양한 부동산 포트폴리오를 바탕으로 부동산 정책에 대응하며 지속적으로 부를 일구어 나갔다.

우리도 부동산 투자를 통한 경제적 자유를 위해 자산가들을 벤치마킹하며 성공을 위해 한걸음씩 나아가고 있다. 다양한 부동산에 대해 공부하고 실행에 옮기면서 2년 만에 부동산 투자의 스펙트럼을 넓혀갈 수 있었고, 현재는 어느 정도 안정적 현금 흐름과 시세차익을 동시에 실현하며 경제적 자유에 조금씩 가까워지고 있다.

소중한 보금자리를 만들고 경제적 자유를 이루기 위해서는 많은 노력과 희생이 요구된다. '세상에 공짜 점심은 없다'라는 말이 있다. 우리가 만난 대다수의 부자들은 겸손하고 성실하며 열정적이었다. 또한 독서와 공부를 통해 지혜를 쌓아 학교나 부모님과 친구들에게 배울 수 없었던 독창적 시각을 가지고 있었다.

그들에게 배운 마인드와 사고방식을 나누고 싶다. 때론 이상과 현실의 괴리에서 오는 상실감과 패배감에 힘들겠지만, 노력을 통해 삶을 바꿀 수 있다.

우리 역시 아직도 부족하고 언제나 목마르다. 실전에서 쌓은 노하우와 실현 가능한 기술을 경제적 자유를 원하는 분들과 공유하며 함께 멀리 나아갈 것이다. 책을 덮고 끝낼 것인가, 시작할 것인가는 이제 여러분의 선택에 달렸다.

부록

|부록|

투자의 세계는 냉정하다. 마치 살얼음판을 걷는 것과 같다. 세계 최고봉인 에베레스트 산을 등반하는 과정과 비슷하다. 수천 미터에 이르는 크레바스와 눈사태를 뚫더라도 정상 등정에 성공할지는 확신할 수 없다. 철저한 준비와 전략을 세워도 악천우나 태풍이 닥친다면, 중도에 포기할 수밖에 없다. 엄홍길 대장은 히말라야의 로체샤르 산맥 등정을 4번째 도전만에 성공했다. 2006년 3번째 등반 당시 2시간이면 정상에 오를 수 있는 기회가 있었다. 16좌 완등의 대기록을 달성할 수 있는 순간이었다. 하지만 판상 눈사태가 예상되는 상황이었기 때문에 욕심을 버리고 원칙에 따라 철수한 일화는 유명하다.

우리도 투자를 할 때 원칙과 결단이 필요하다. 전설적인 투자자로 이름을 알린 찰리 멍거는 자신이 사용한 제품 중에서 고품질의 서비스를 제공하는 회사에 투자하는 철칙을 가진 것으로 유명하다. 피델리티 마젤란 펀드의 관리자로 잘 알려진 피터 린치는 10년 이상 2배의 연간 수익률을 달성한 이유를 '내가 알고 있는 것에 투자하는 원칙을 지켰기 때문이다'라고 말했다. 이와 마찬가지로 세계적인 투자자로 잘 알려진 빌 그로스, 워런 버핏, 잭 보글, 빌 밀러, 벤저민 그레이엄, 칼 아이칸, 제랄딘 와이스 등은 자신만의 투자 원칙과 엄격한 기준을 가지고 있다.

여기서 의문이 들 것이다. 2019년에 낙찰된 워런 버핏과의 점심식사가 54억인데, 이런 거장들의 투자 원칙을 어떻게 배운단 말인가? 현실성이 없다고 느낄 것이다. 투자자로서 천만다행인 것은 대한민국의 네트워크가 세계 최고의 수준이라는 사실이다. 부지런히 손품만 판다면 인터넷 사이트, 블로그, 카페, 유튜브, 서적을 통해서 기본적인 투자의 지혜를 체화시킬 수 있게 되었다.

다음의 정보 소스들을 활용해보자. 투자 초심자가 연습 주행을 시작할 때 도움이 될 만한 내용들로 구성하였다. 투자 전설들의 원칙까지 습득하지 못하더라도 얇고 넓은 정보의 홍수 속에서 익사하지 않을 방법을 찾을 수 있을 것이다.

• 단희TV

은퇴 후 노후준비를 생각하는 사람들에게 현실적인 조언을 해주는 것으로 유명하다. 행복 주치의라고 불리는 단희쌤은 부동산을 통한 경제적 자유를 이루기 위해서 알아야 할 실무 사례를 과감히 공유하고 있다. 이 채널에는 재테크뿐만 아니라 나를 바꾸는 책 소개, 몸과 마음의 힐링, 1인지식기업 등 인생에 유용한 정보까지 제공하고 있다. 은퇴 준비와 삶의 방향성을 고민 중인 사람들에게 많은 도움이 될 것이다.

• 삼프로TV_경제의신과함께

부동산뿐만 아니라 주식, 파생금융상품, 선물옵션 등 다양한 투자 정보를 제공하는 유튜브 채널이다. 각 분야에서 트렌디한 투자를 이끄는 전문가들이 출연하여 뉴스나 기사에서 접할 수 없는 정보들을 공유하는 것으로 유명하다. 정보의 맥을 찾아낼 능력과 시간이 부족한 투자자라면 얻을 것이 많다. 삼프로TV를 통해 한국과 세계 경제의 흐름을 단숨에 파악할 수 있을 것이다.

• 신사임당TV

현재 20~30대의 직장인들이 가장 즐겨보는 유튜브이다. 온라인 쇼핑몰을 활용한 부업, 주식, 부동산, SNS 마케팅 부업 등 일반인들이 현실에서 돈을 벌 수 있는 다양한 노하우를 공유하는 것으로 유명하다. 실제 경험이 있는 게스트가 출연하여 본인의 이야기를 진술하게 하는 것은 이 채널의 백미이다. 뜬구름 잡는 이야기가 아닌 현실적인 재테크 기술을 배우고 싶다면 구독해보길 바란다.

• 집코노미TV

한국경제신문에서 운영하는 집코노미TV는 청약, 인테리어, 경제, 투자법, 임장, 전문가 인터뷰 등 다양한 콘텐츠를 다루는 것으로 유명하다. 언론사에서 직접 관리하는 유튜브 채널인 만큼 다양한 정보를 신뢰성 있게 전달하는 것이 강점이다. 부동산에 대한 트렌드를 파악하고 싶은 투자자라면 시청해보자.

2. 블로그, 카페

• 강.부.자 부동산 스터디(https://cafe.naver.com/gbjhappy)

강남흙수저, 부동삶, 자부성부가 운영하는 카페로 부동산 투자와 관련된 다양한 분석글과 투자경험담 등이 올라온다. 집단지성공유방, 자문위원의 글, 매일스터디, 투자가이드 등 다양한 자료를 접할 수 있다. 특히 고민상담방에서 다양한 상담사례와 솔루션을 접할 수 있으므로 부린이(부동산 어린이)라면 자주 방문해서 실력을 쌓아보자. 강부자부동산스터디 유튜브 채널을 함께 구독한다면 더욱 유용할 것이다.

• 옥탑방보보스 김종율의 투자이야기(https://blog.naver.com/zong6262)

《나는 집 대신 상가에 투자한다》,《나는 오를 땅만 산다》로 유명한 옥탑방보보스의 블로그이다. 마냥 어렵게 느껴지는 상가 투자를 일반인이 직접 분석할 수 있게 알려주는 것으로 유명하다. 실전 투자에서 중요한 단지 내 상가, 근린상가, 중심상권, 아파트 세대별 적합 업종, 상가 진입시기 등 자세한 정보를 얻을 수 있다. 상가 투자를 생각하는 사람이라면 반드시 알고 있어야 할 곳이다.

• Data로 알아보는 서울 부동산 과거 현재 그리고 미래(https://blog.naver.com/kedkorea)

아파트 데이터 분석의 달인으로 잘 알려진 '삼토시'의 블로그이다. 다양한 사례 분석과 경험에서 느껴지는 통찰력이 돋보이는 분석 글은 수많은 투자자들의 공감을 얻고 있다. 담백하게 풀어 쓴《지금 서울에 집 사도 될까요?》,《서울 아파트 마지막 기회가 온다》,《서울 아파트 상승의 끝은 어디인가》는 이미 베스트셀러가 되었다. 부동산 시장의 흐름을 거시적 관점에서 파악하고 싶다면 방문해보자.

• 이상우 애널리스트의 작은배려(https://blog.naver.com/tinycare)

대한민국 최고의 부동산 전문가로 잘 알려진 이상우 대표의 블로그이다. 2018, 2019년 대다수의 전문가들이 집값 하락을 외칠 때, 풍부한 자료와 냉철한 분석력을 바탕으로 가격 상승을 외쳤던 일화는 부동산계에서 유명한 일화로 남아 있다. 과거 애널리스트 시절 발간했던 〈부동산라이프〉는 그 가치를 인정받아 무료보고서라는 선입견을 깨고 유료잡지로 자리매김했다. 평소 미식가로 잘 알려진 이상우 대표가 직접 검증한 맛집 정보도 덤으로 확인할 수 있다.

• 범이의 세금과 부동산(https://blog.naver.com/btax7777)

최근 빈번한 세법 개정으로 의사결정이 매우 어렵고 복잡해졌다. 실전투자자들 사이에서 유명한 이 블로그는 부동산과 관련된 세무 정보를 초보자가 쉽게 이해할 수 있도록 친절히 도와준다. 다양한 실전 사례를 경험한 서동범 대표는 양도소득세(부동산, 주식), 상속, 증여에 특화되어 있는 세무사이다. 부동산과 세금, 그 사이에서 위태로운 줄타기를 끝내고 싶은 독자라면 방문해보자.

3. 주요 인터넷 사이트

• **호갱노노**(https://hogangnono.com)

아파트 실거래가 1등 사이트로 시세, 학군, 인구, 공급, 학원가, 경사, 거래량, 개발호재 등을 확인할 때 유용하다. 특히 필터기능을 활용하면 맞춤형 아파트를 쉽게 찾을 수 있다. 해당 아파트에 거주한 사람들이 느낀 진솔한 경험도 포함되어 있어서 실투자자가 옥석을 가리는데 도움 받을 수 있다.

• **밸류맵**(https://www.valueupmap.com)

토지와 건물, 공장, 상가 및 주택 등 다양한 매물의 실거래가(2006년 이후)를 확인할 수 있는 사이트이다. 각종 공공데이터를 선별, 종합하여 개발정보, 대출정보, 지역뉴스와 같은 종합적인 부동산 서비스를 제공하고 있다.

• **토지이용규제정보서비스**(http://luris.molit.go.kr)

토지이용계획, 행위제한정보, 규제안내서, 고시 정보 등 다양한 정보를 제공하고 있다. 특히 토지를 매입 시 각종 규제로 인해 개발의 어려움을 겪는 경우가 많다. 사전에 토지이용규제정보서비스를 활용하여 개발행위허가, 질의회신 등을 사전에 파악하면 리스크를 관리할 수 있을 것이다.

• **대법원 인터넷등기소**(http://www.iros.go.kr)

부동산 거래 시 완전한 소유권을 이전하는 것이 중요하다. 등기법상 부동산의 권리는 등기사항전부증명서라는 곳의 표제부, 갑구, 을구에 표시된다. 이런 공적장부는 인터넷등기소를 통해 발급 받을 수 있다. 부동산 거래를 하는 사람이라면 반드시 알아야 할 사이트이다.

• 법원부동산정보 - 부동산태인(http://www.taein.co.kr)

30년 이상 경매의 정보를 제공한 대한민국의 대표 경매사이트이다. 감정평가서, 등기, 매각물건명세서, 현황조사서, 인근낙찰통계, 낙찰건수 분포도, 통계분석차트 등 실전에 필요한 서비스를 이용하기 좋다. 특히 편리한 화면 구성과 현장감 있는 정보, 장기간 누적된 데이터로 경매 투자자뿐만 아니라 일반 투자자들 사이에서도 인기가 높다.

• 부동산종합서비스 가업(http://www.가업.com)

최근 부동산서비스 산업진흥법안이 통과되면서 부동산종합관리에 대한 관심이 커지고 있다. 과거 부동산에 대한 하자보수에만 국한되던 것이 부동산 기획, 개발, 임대, 관리, 중개, 평가, 자금조달, 자문, 정보제공의 행위까지 확대되었다. 가업은 공동주택뿐만 아니라 건물에 대한 관리 노하우를 제공해주는 곳이다. 매일경제와 업무 협약을 통해 신뢰성 있는 콘텐츠를 제공하는 만큼 알아두면 유용하다.

4. 추천 도서

• 《한 권으로 끝내는 실전경매》, 부동삶, 이레미디어, 2020

코로나 팬더믹으로 투자자들이 관심을 갖고 있는 경매를 실무적 관점에서 풀어 쓴 책이다. 일반인들이 어려워하는 권리분석을 국내 최초로 200여 개의 도표와 그림, 풍부한 자료로 쉽게 설명하고 있다. 경매는 접근하기 어렵다는 편견을 가진 사람들이 부동산 투자를 하면서 알아야 할 법률지식부터 인테리어, 대출, 손익분석까지 다루고 있다. 경매뿐만 아니라 부동산 실전투자를 생각하는 사람이라면 반드시 읽어야 할 책이다. 유튜브 부동삶TV에서 다양한 정보를 제공하고 있어 함께 구독하면 유용할 것이다.

• 《투에이스의 부동산 절세의 기술》, 김동우, 지혜로, 2019

최근 부동산 규제로 실현 수익률은 낮아지고 있는 추세이다. '세무 전문가들도 인정하는 세금의 고수'인 투에이스는 다양한 세법적 기술을 활용하여 수익률을 높일 수 있는 방법에 대해서 꼼꼼히 설명해주고 있다. 세금은 부동산을 취득, 보유, 처분할 때까지 모두 발생한다. 부동산 투자에서 세금은 빼놓고는 생각할 수 없다. 절세의 기술을 완벽하게 배우고 싶다면 읽어 보자.

• 《주식투자 절대지식》, 브렌트 펜폴드, 에디터, 2011

주식과 부동산은 전통적인 투자의 대상이다. 이 둘의 속성은 다르지만, 성공적인 투자를 위해 먼저 준비하고 깨달아야 할 사실과 보편적 투자 원칙은 비슷하다. 이 책은 기관투자자로 30년간 주식, 외환, 선물 등을 거래해온 프로 트레이더가 자신의 경험을 녹여냈다. 자금관리, 매매전략, 멘탈관리는 주식뿐만 아니라 부동산 투자에도 유용하다. 투자의 폭을 넓히고 싶다면 읽어보자.

• 《행운 사용법》, 김민기, 조우석 공저, 문학동네, 2013

투자의 성과는 사람의 재주나 노력으로 할 수 없는 영역이 있다. 그래서 투자에서 운은 중요하다. 대다수 사람들은 '운'을 사람의 힘으로 어찌할 수 없는 것이라 치부한다. 하지만 하버드 MPA와 듀크 MBA 출신의 저자들은 '운'을 마음사용법에 빗대어 과학으로 설명하고 있다. 과학적 마음사용법 7단계를 통해 행운을 이끌어낼 수 있음을 증명하고 있다. 투자가 어려운 것은 기술보다 행운을 이끌어내는 마음의 지혜가 부족하기 때문이다. 투자를 임하기 전 심리적인 문제를 성찰하고 행복한 성공의 법칙을 배우고 싶은 투자자라면 읽기를 권한다.

• 《진짜 부자 가짜 부자》, 사경인, 더클래스, 2020

여의도 1타강사로 유명한 사경인 회계사가 알려주는 '부자 되는 돈 공부법'이다. 일반인들이 생각하는 보통의 자산과 구입함으로써 미래소득을 늘릴 수 있는 진짜 자산을 비교해 자신의 재무상태를 되돌아보게 만들어준다. 특히, 시스템수익을 생계비용보다 높게 만드는 부자방정식은 갈피를 잡지 못한 사람들에게 재정적인 목표를 세우고 이를 달성하기 위한 충분한 방향성을 제시해주고 있다.

◆

책을 덮고 끝낼 것인가, 시작할 것인가는
이제 여러분의 선택에 달렸다.

30대 흙수저, 기적의 강남 입성기

1판 1쇄 발행 2020년 09월 30일

지은이 강남흙수저, 부동삶, 자수성부
발행인 오영진 김진갑
발행처 토네이도

책임편집 박수진
기획편집 이다희 박은화 진송이 허재희
디자인팀 안윤민 김현주
마케팅 박시현 신하은 박준서 김예은
경영지원 이혜선

출판등록 2006년 1월 11일 제313-2006-15호
주소 서울시 마포구 월드컵북로5가길 12 서교빌딩 2층
전화 02-332-3310 팩스 02-332-7741
블로그 blog.naver.com/midnightbookstore
페이스북 www.facebook.com/tornadobook

ISBN 979-11-5851-189-0 03320

이 도서의 국립중앙도서관 출판예정도서목록(CIP)은 서지정보유통지원시스템 홈페이지(http://seoji.nl.go.kr)와
국가자료공동목록시스템(http://www.nl.go.kr/kolisnet)에서 이용하실 수 있습니다.
(CIP제어번호: CIP2020034609)